DICCIONARIO DE FINANZAS

O. Greco

DICCIONARIO
DE FINANZAS

Bilingüe
Español - Inglés / English - Spanish

VE

VALLETA EDICIONES
2014

ISBN: 9789507432408
©VALLETTA EDICIONES S.R.L.
Laprida 1780
(1602) - Florida - Buenos Aires
República Argentina
Tel/Fax: 4718-1172 / 4796-5244
E-mail: info@vallettaediciones.com
Sitio web: www.vallettaediciones.com

PRÓLOGO

Con la globalización de los procesos económicos y financieros, y la extensión de los avances tecnológicos de la información y comunicación han surgido en los últimos años innumerables términos técnicos con los que deben entenderse cotidianamente los economistas, comerciantes, empresarios, agentes económicos en general, profesionales y estudiantes de las ciencias económicas y del derecho. Por ello, el autor en forma sencilla, clara y amena, trata de satisfacer una necesidad: el vacío bibliográfico en habla española de una vasta terminología financiera.

Las voces y modismos locales de América Latina, de alguna forma, expresan la riqueza del idioma español. Los mismos aparecen expuestos y conforman un argot del mundo empresarial y financiero.

La dedicación, el esmero y el trabajo desarrollado en la presente edición constituyen los pilares fundamentales de esta obra de consulta permanente y necesaria.

EL EDITOR

TERMINOLOGÍA BILINGÜE

Español-Inglés – Inglés-Español

Traducción:
Fanny Liliana Krimer
Traductora Pública

ESPAÑOL - INGLÉS

A

A cuenta: On account.

A cuenta de precio: Money paid on account.

A día determinado: On a certain specific day.

A día fijo: On a fixed day.

A días o meses fecha: At days or months from the date of issuance.

A días o meses vista: At days or months sight.

A la orden: To the order of.

A la par: At par.

A la vista: At sight.

A sola firma: Clean.

A tocateja: Cash.

Ábaco: Abacus.

Abandono: Abandonment. Surrender.

Abertura financiera: Financial opening.

Abonado: Payable. Subscriber.

Abonar: To pay, to subscribe, to credit.

Abonaré: Promissory note, credit note.

Abono: Payment. Subscription. Credit.

Above par: Above par.

Abrir un crédito: To open a credit.

Abrir una cuenta: To open an account.

Absorción: Consolidation. Acquisition.

Abstracción cambiaria: Exchange abstraction.

Abuso de confianza: Abuse of confidence.

Abuso del crédito: Credit abuse. Excess credit.

Acaparamiento: Corner.

Acaparar: To corner.

Acción: Share (Br.E). Stock (Am.E).

Acción cambiaria: Collection action based on a negotiable instrument.

Acción cartular: Certificate stock.

Acción (certificado de): Share (certificate).

Acción con opción: Stock with option.

Acción concertada: Arranged stock.

Acción convertible: Convertible stock.

Acción cotizada: Quoted stock.

Acción de prescripción: Action of prescription.

Acción de regreso: Recourse action.

Acción depreciada: Depreciated stock.

Acción ejecutiva: Action of plaintiff to initiate a summary lawsuit to collect on a negotiable instrument.

Acción en cartera: Stock in portfolio.

Acción escritural: Registered stock.

Acción imprescriptible: Imprescriptible action.

Acción integrada: Paid up stock.

Acción ordinaria: Common stock. Ordinary share. Ordinary proceeding.

Acción ordinaria potencial: Potential ordinary stock.

Acción preferente: Preferred stock.

Acción regresiva: Regressive action.
Acción sintética: Synthetic stock.
Accionariado: Body of stockholders.
Acciones a valor par: Par value stocks.
Acciones al portador: Bearer stocks.
Acciones amortizables: Amortizable stocks. Redeemable stocks.
Acciones amortizadas: Amortized stocks.
Acciones beneficiarias: Beneficiary stocks.
Acciones bonificadas: Bonus stocks.
Acciones caducas: Lapsed stocks.
Acciones clásicas: Blue chips.
Acciones comunes: Common stocks.
Acciones con cotización: Listed stocks.
Acciones con dividendo: Stocks with dividend.
Acciones - conversión de: Stocks-conversion.
Acciones convertibles: Convertible stocks.
Acciones de capital inflado: Capital stock surplus.
Acciones de capital no emitidas: Unissued capital stocks.
Acciones de capital no gravables: Nonassessable capital stocks.
Acciones de capital preferentes: Preferred capital stocks.
Acciones de conversión: Conversion stocks.
Acciones de dividendo: Stocks dividend.
Acciones de fundador: Founder´s shares.
Acciones de goce: Shares issued to employees.
Acciones de llave: Goodwill stocks.
Acciones de participación: Participation stocks.
Acciones de revalúo: Revaluation stocks.
Acciones de tesorería: Treasury stocks.
Acciones de trabajo: Industrial shares.

Acciones de voto: Voting stocks.
Acciones de voto plural: Voting groups stocks.
Acciones de voto simple: Single voting stocks.
Acciones del directorio depositadas en garantía: Board of Directors stocks deposited as a guarantee.
Acciones - derecho a voto: Voting shares. Voting stocks.
Acciones diferidas: Deferred stocks.
Acciones - emisión de: Stocks issue.
Acciones en cartera: Treasury stocks.
Acciones en circulación: Outstanding capital stock.
Acciones en tesorería: Treasury stocks.
Acciones - endoso de: Stocks - Endorsement of.
Acciones escriturales: Registered stocks.
Acciones especulativas: Speculative stocks.
Acciones gratuitas: Gratuitous stocks.
Acciones - integración de: Stocks - Integration of.
Acciones integradas: Paid up stocks.
Acciones liberadas: Full paid and issued stocks. Stocks released.
Acciones - libro de registro de: Stock register.
Acciones mellizas: Twin stocks.
Acciones no rescatables: Nonredeemable stocks.
Acciones nominativas: Nominative stocks. Registered stocks.
Acciones nuevas: New stocks.
Acciones ordinarias: Common stocks.
Acciones participantes: Participation stocks.
Acciones por capitalización: Capitalization stocks.
Acciones por revalúo: Revaluation stocks.
Acciones preferentes: Preferred stocks.
Acciones preferentes participantes o con participación: Participation preferred stocks.

Acciones preferidas: Preferred stocks.

Acciones preferidas convertibles: Convertible preferred stock.

Acciones preferidas rescatables: Redeemable preferred stocks.

Acciones prendadas: Pledged stocks.

Acciones privilegiadas: Privileged stocks.

Acciones propias en cartera: Treasury stocks.

Acciones readquiridas o rescatadas: Redeemable stocks.

Acciones recibidas en garantía - directores: Stocks received as a guarantee – directors.

Acciones redimibles: Amortizable stocks.

Acciones rescatadas: Redeemable stocks.

Acciones sin voto: Nonvoting stocks.

Acciones - suscripción de: Stocks - Subscription of.

Acciones suscritas: Subscribed stocks.

Acciones - valuación de: Stocks value.

Accionista: Stockholder.

Accionistas mayoritarios: Majority stockholders.

Accionistas minoritarios: Minority stockholders.

Accionistas no controlantes: Non-controlling stockholders.

Aceptación: Acceptance.

Aceptación bancaria: Banker's acceptance.

Aceptación comercial: Trade acceptance.

Aceptación de letra de cambio: Acceptance of a bill of exchange.

Aceptación mercantil: Trade acceptance.

Aceptaciones: Acceptances.

Aceptante: Acceptor.

Acopiar: To gather.

Acrecentamiento: Increase.

Acrecer, derecho de: Survivorship, right of.

Acreedor: Creditor.

Acreedor garantizado: Guaranteed creditor.

Acreedor hipotecario: Mortgage creditor.

Acreedor picnoraticio: Piedgee creditor.

Acreedor prendario: Piedgee creditor.

Acreedor privilegiado: Lien creditor.

Acreedor quirografario: Unsecured creditor.

Acreedor simple: Simple creditor.

Acreedor solidario: Joint creditor.

Acreedores a corto plazo: Short-term creditors.

Acreedores a largo plazo: Long-term creditors.

Acreedores bancarios: Bank creditors.

Acreedores comunes: General creditors.

Acreedores diversos: Sundry creditors.

Acreedores varios: Sundry creditors.

Acreencia: Credit. Increase. Right of survivorship.

Acreer: To lend with or without a pledge.

Acta constitutiva: Articles of incorporation.

Acta de constitución: Articles of incorporation.

Activación de costos financieros: Activation of financial costs.

Actividad: Activity.

Actividad económica: Economic activity.

Actividad económica primaria: Primary economic activity.

Actividad económica secundaria: Secondary economic activity.

Actividad económica terciaria: Tertiary economic activity.

Actividad financiera: Financial activity.

Actividad forestal: Forest activity.

Actividad industrial: Industrial activity.

Actividad lucrativa: Lucrative activity.

Actividad oculta: Hidden activity.

Actividades de financiación: Financial activities.

Actividades de inversión: Activities of investment.

Activo: Assets.

Activo agotable: Wasting assets.

Activo amortizable: Depreciable assets.

Activo circulante: Current assets.

Activo - composición del: Assets structure.

Activo congelado: Frozen assets.

Activo constitutivo: Legal act that creates an interest in properly in favor of a person.

Activo contingente: Contingent assets.

Activo corriente: Current assets.

Activo corriente neto: Circulating capital.

Activo cuasimonetario: Quasi-money.

Activo de liquidez inmediata: Quick assets.

Activo en libros: Legder assets.

Activo exigible a corto plazo: Short-term receivables.

Activo exigible a largo plazo: Long-term receivables.

Activo ficticio: Fictitious assets.

Activo fijo: Fixed assets.

Activo fijo intangible: Intangible fixed assets.

Activo fijo tangible: Tangible fixed assets.

Activo financiero: Financial assets.

Activo intangible: Intangible assets.

Activo líquido: Liquid assets.

Activo monetario: Monetary assets.

Activo no corriente: Non-current assets.

Activo (o pasivo) financiero negociable: Negotiable financial assets (or liabilities).

Activo (o pasivo) financiero no negociable: Non-negotiable financial assets (or liabilities).

Activo obsoleto: Obsolete assets.

Activo pignorado: Pledged assets.

Activo realizable: Quick assets.

Activo tangible: Tangible assets.

Activos financieros: Financial assets.

Activos financieros con rendimiento explícito: Financial assets with explicit yield.

Activos financieros con rendimiento implícito: Financial assets with implicit yield.

Activos financieros con rendimientos: Financial assets with yields.

Activos realizables: Quick assets.

Acto constitutivo: Legal act that creates an interest in properly in favor of a person.

Acto de comercio: Act of commerce.

Acto mercantil: Commercial act.

Actualización: Adjustment.

Actualización de depreciaciones: Depreciation adjustment.

Actualización monetaria: Indexation.

Actuarial: Actuarial.

Actuario: Actuary. Clerk of court.

Acuerdo de compensación: Compensation agreement.

Acuerdo de crédito revolvente: Guaranteed credit arrangement.

Acuerdo General sobre Aranceles Aduanero y Comercio: General Agreement on Tariffs and Trade (GATT).

Acumulación: Accumulation.

Acumulativo: Cumulative.

Acuñación: Minting.

Acuse de recibo: Acknowledgment of receipt.

Ad - valorem: Ad valorem.

Adelanto cambiario: When the market exchange rate is higher than the real exchange rate.

Adelanto en cuenta corriente: Current account advance.

Adeudar: To owe. To debit.

Adjudicación: Award.

Administración: Administration.

Administración Federal de Ingresos Públicos: Federal Administration of Public Revenues.

Administración financiera: Financial administration.

Administración Financiera y de los Sistemas de Control del Sector Público Nacional: Administration of Financial and Control Systems of the National Public Sector.

Administración fiscal: Fiscal administration.

Administración provincial: Provincial administration.

Administración pública: Public administration.

Administrador financiero: Financial administrator.

Administrativo / a: Clerk. Administrative.

Admisión de bolsa: Stock market admission.

ADR: American Depositary Receipt.

AEE: EEA. European Economic Area.

AELC: EFTA. European Free Trade Association.

Afectación: Affection.

Afectación de utilidades (o beneficios): Earnings affection.

Affidávit: Affidavit.

Afianzar: To bond. To guarantee.

Aficionado: Amateur.

AFIP: Federal Administration of Public Revenues.

Aforo: Appraisal.

After market: After market.

Agencia bursátil: Dealer.

Agencia comercial: Commercial agency.

Agencia de cambio: Dealer.

Agencia de cobranza: Debt collection agency.

Agencia financiera: Financial agency.

Agencia mercantil: Mercantile agency.

Agencia para el Desarrollo Internacional: Agency for International Development.

Agente: Agent.

Agente bursátil: Stock broker.

Agente comercial: Intermediary.

Agente de bolsa: Stock broker.

Agente de mercado abierto: Broker.

Agente de percepción: Collector.

Agente de retención: Withholding agent.

Agente de transferencia: Transfer agent.

Agente extrabursátil: Broker.

Agente financiero: Financial agent.

Agente fiscal: Prosecutor.

Agio: Agio.

Agiotaje: Agiotage.

Agotar el límite crediticio: To exhaust the credit limit.

Agregado: Aggregate.

Agregados monetarios: Monetary aggregate.

Agricultura: Agriculture.

Agroindustria: Farm industry.

Agujeros: Holes.

Ahorro: Savings.

Ahorro bruto: Gross income.

Ahorro de costos: Costs savings.

Ahorro forzoso: Compulsory saving. Compulsory tax.

Ahorro neto: Net saving.

Ahorro privado: Private saving.

Ahorro público: Public saving.

AIF: International Development association.

Ajustamiento: Adjustment.

Ajustar: To adjust.

Ajuste alzado: Lump-sum contract.

Ajuste de paridad: Parity adjustment.

Ajuste del gasto público: Adjustment to government expenditure.

Ajuste por inflación: Adjustment for inflation.

Ajuste por inflación de los estados contables: Adjustment for inflation of the financial statements.

Al contado: Cash.

Al día: To date.

Al portador: To bearer.

ALADI: Latin American Integration Association.

ALALC: Free Trade Latin American Association.

Albacea: Executor. Executrix.

ALCA: Free Trade Agreement of the Americas.

Alcista: Bullish.

Álgebra: Algebra.

Algoritmo: Algorithm.

Alícuota: Aliquot.

Alícuota del impuesto: Tax aliquot.

Alma del negocio: Soul of the business.

Almacén: Storehouse.

Almacenaje: Storage charges.

Almoneda: Auction.

Alquilar: To rent.

Alquiler: Rent.

Altas finanzas: High finances.

Alto: High. Stop.

Alza: Rise.

Alza súbita: Sudden rise.

American Depositary Receipt: American Depositary Receipt.

Amnistía fiscal: Fiscal amnesty.

Amortización: Amortization. Depreciation.

Amortización acelerada: Accelerated depreciation.

Amortización actuarial: Actuarial depreciation.

Amortización de deuda: Amortization of debt.

Amortización de emergencia: Emergency amortization.

Amortización del capital: Capital amortization.

Amortización financiera: Financial amortization.

Ampliación bancaria: Banking extension.

Análisis bursátil: Stock exchange analysis.

Análisis costo beneficio: Cost-benefit analysis.

Análisis de cuentas a cobrar: Analysis of accounts receivable.

Análisis de flujo de fondos actualizado: Updated flow of funds analysis.

Análisis de liquidación: Analysis of liquidation.

Análisis de movimiento de fondos: Fund movement analysis.

Análisis de tendencias: Trends analysis.

Análisis dinámico: Dynamic analysis.

Análisis estático: Static analysis.

Análisis factorial: Factors analysis.

Análisis financiero: Financial analysis.

Anatocismo: Capitalization of the matured interest.

Ánimo de lucro: For profit.

Año: Year.

Año base: Base year.

Año calendario: Calendar year.

Año comercial: Fiscal year.

Año económico: Fiscal year.

Año financiero: Financial year.

Año fiscal: Fiscal year (FY), tax year.

ANSEA: South Eastern Asian Nations Association.

Antedatar: To backdate.

Anticipo de impuesto: Tax advance.

Anticipo de la autoridad monetaria: Financial authority advance.

Anticipo en cuenta corriente: Current account advance.

Anticipos del Banco Central: Central Bank advances.

Antitrust: Antitrust.

Anualidad: Annuity.

Anualidad de imposición: Imposition annuity.

Anualidad vitalicia: Life annuity.

Apalancamiento: Financial leverage, gearing, leverage effect.

Apalancamiento de acciones: Stock leverage.

Apantallar: To shield.

APEC: Asian Pacific Association of Cooperative Economy.

Apertura de crédito: Credit line opening.

Apertura de cuenta: Account opening.

Apertura de cuenta bancaria: Bank account opening.

Aplazamiento: Postponement.

Aplicación del ingreso bruto: Gross income application.

Aporte: Contribution.

Aporte de capital: Capital contribution.

Aportes dinerarios: Contributions in cash.

Aportes en especie: Like kind exchange contributions.

Aportes jubilatorios: Pension contributions.

Apportion: Apportion.

Apreciación: Valuation.

Apremiar: To urge.

Aprobación de créditos: Credit line approval.

Arancel: Fee.

Arancel aduanero: Customs duties.

Arbitraje: Arbitrage. Arbitration.

Arbitraje cambiario: Exchange arbitrage.

Arbitraje de divisas: Currency arbitration.

Arbitraje fiscal: Fiscal arbitration.

Arbitrajista: Arbitrageur.

Área económica: Economic area.

Área Económica Europea: European Economic Area.

Área franca: Free tax area.

Arqueo: Cashing up. Cash count.

Arqueo de caja: Cashing up. Cash count.

Arqueo de documentos a cobrar: Notes receivable cash count.

Arqueo de valores mobiliarios: Securities cash count.

Arrendador: Lessor.

Arrendamiento: Lease.

Arrendamiento financiero: Financial lease, capital lease.

Arrendar: To lease.

Arrendatario: Lessee.

ASEAN: Association of Asian Pacific Nations.

Asegurador - a: Insurer.

Asegurar: To insure.

Asentar: To record.

Asiento: Entry.

Asiento contable: Accounting entry.

Asignación: Allowance.

Asociación: Association.

Asociación civil: Non-profit association.

Asociación comercial: Commercial association.

Asociación de Cooperación Económica Asia - Pacífico: Pacific Asian Economic Cooperative Association.

Asociación de Libre Comercio de las Américas: Free Trade Agreement of the Americas.

Asociación de Naciones del Sudeste Asiático: South Eastern Asian Nations Association.

Asociación Europea de Libre Comercio: Free Trade European Association.

Asociación Interamericana de Integración: Latin American Integration Association.

Asociación Internacional de Fomento: International Development Association.

Asociación Latinoamericana de Libre Comercio: Free Trade Latin American Association.

Aspecto de la conversión: Aspect of the conversion.

Asset allocation: Asset allocation.

Association of Caribbean States: Association of Caribbean States.

Atesoramiento: Saving.

Atraso: Delay.

Atraso cambiario: Delay in exchange.

Atraso en la cobranza: Delay in the collection.

Attache: Attache.

Auditor: Auditor.

Auditoría: Audit.

Auditoría contable: Accounting audit.

Auditoría de caja: Cash audit.

Auditoría de estados contables: Financial statements audit.

Auditoría externa: Independent audit. External audit.

Auditoría interna: Internal audit.

Auge: Boom.

Aumento de capital: Capital increase.

Austral: Austral.

Autenticación de firmas: Signature certification.

Autoaseguramiento: Self-insurance.

Autocartera: Own shares.

Autofinanciación: Self-finance.

Autorización de crédito: Credit line autorization.

Autorización para girar en descubierto: Overdraft autorization.

Aval: Guaranty.

Avalado: Guaranteed.

Avalar: To guaran v

Avalista: Guarantor.

Avalúo: Appraisals.

Avería: Damage. Damaged item.

Aversión al riesgo: Aversion to risk.

Aviso: Notice.

Aviso de pago: Payment notice.

Aviso de protesto: Notice of protest.

Aviso de vencimiento: Maturity notice.

Ayuda externa: External aid.

B

Baja: Drop. Fall. Write off. Form declaring withdrawal from activities subject to taxation. Cessation of business.

Baja cotización: Low quotation.

Bajista: Bear.

Bajo la par: Below par.

Bajo par: Below par.

Balance: Balance sheet.

Balance cambiario: Exchange balance.

Balance consolidado: Consolidated Balance Sheet.

Balance general: General Balance Sheet.

Balance general certificado: Certified Balance Sheet.

Balance impositivo: Tax Balance Sheet.

Balanza comercial: Trade balance.

Balanza de pagos: Balance of payments.

Banca: Banking.

Banca central: Central Banking.

Banca especializada: Specialized Banking.

Banca extranjera: Foreign bank.

Banca múltiple: Multiple bank.

Banca oficial: Official bank.

Banca universal: Universal banking.

Banca vertical: Vertical bank.

Bancarrota: Bankruptcy.

Banco: Bank.

Banco agente: Agent bank.

Banco asegurador: Insuring bank.

Banco asesor: Advisory bank.

Banco Central: Central Bank.

Banco Central de la República Argentina: Central Bank of Argentine.

Banco Central Europeo: European Central Bank.

Banco Centroamericano de Integración Económica: Central American Bank for Economic Integration.

Banco comercial: Commercial bank.

Banco corresponsal: Correspondent bank.

Banco de bancos: Central Bank.

Banco de Basilea: Basle Bank.

Banco de datos: Data base.

Banco de emisión: Issuing bank.

Banco de exportación: Bank of export.

Banco de la Reserva Federal: Federal Reserve Bank.

Banco de México: Bank of Mexico.

Banco Interamericano de Desarrollo: Inter-American Development Bank.

Banco Internacional: International

Bank.

Banco Internacional de Pagos: Bank for International Settements.

Banco Internacional de Reconstrucción y Fomento: International Bank for Reconstruction and Development.

Banco local: Local bank.

Banco Mundial: World Bank.

Banco nacional: National bank.

Banco oficial: Official bank.

Banco pagador: Paying bank.

Banco privado: Private bank.

Banco provincial: Provincial bank.

Banco público: Public bank.

Banco regional: Regional bank.

Banco rescatable: Redeemable bank.

Banco universal: Universal bank.

Bancos: Banks.

Bancos comerciales: Commercial banks.

Bancos de depósito: Deposit banks.

Bancos de inversión: Investment banks.

Bancos hipotecarios: Mortage banks.

Bancos industriales: Industrial banks.

Banda de fluctuación: Band of fluctuation.

Bandera: Flag.

Banquero: Banker.

Barandillero: Sideline Trader.

Barómetro: Barometer.

Barreras aduaneras: Customs Barriers.

Barreras arancelarias: Tariff Barriers.

Barril: Barrel.

Base: Base. Basis.

Base del índice: Base of the index.

Base fiscal: Tax basis.

Base imponible: Tax basis.

Base impositiva: Tax basis.

Base monetaria: Monetary basis.

BCIE: Central American Bank for Economic Integration.

BCRA: Central Bank of Argentine Republic.

Bears: Bears.

Beneficiario: Beneficiary.

Beneficio de división: Benefit of Division.

Benelux: Benelux.

Beta: Beta.

Bianual: Biannual.

BIC: Investment and Growth Bonds.

BID: Inter-American Development Bank.

Bienal: Biennial.

Bienes: Properties. Goods. Assets.

Bienes activos: Assets.

Bienes de capital: Capital Goods.

Bienes de consumo: Consumer Goods.

Bienes de producción: Capital Equipment. Capital goods.

Bienes económicos: Economic property.

Bienes inmuebles: Real Estate. Real Property.

Bienes muebles: Chattel. Movables. Personal Property.

Bienio: Biennium.

Big bang: Big bang.

Bilateral: Bilateral.

Billete: Ticket. Fare. Bank bill. Bank note.

Billete de banco: Banknote.

Billete verde: US Dollars.

Billetes falsos: False notes.

Billón: Billion (BrE). Trillion (AmE).

Bimensual: Twice a month.

Bimestre: Twc - month period.

Bimetalismo: Bimetallism.

Binario: Binary.

BIRF: IBRD. International Bank for Reconstruction and Development.

BIS: BIS.

Blindaje: Shield.

Bloque económico: Economic blockage.

Bloque monetario: Monetary block.

Bloqueo fiscal: Fiscal blockage.

Blue chips: Blue chips.

Boca de expendio: Retail outlet.

BOCE: BOCE (Economic Consolidation Bond).

BOCON: BOCON (Consolidation Debt Bond).

BOCRE: BOCRE (Export Credit Bond).

Boicot: Boycott.

Bola de nieve: Snow ball.

Boletín de suscripción: Subscription warrant.

Bolsa: Stock Exchange.

Bolsa de cereales: Grain Market. Corn exchange.

Bolsa de comercio: Stock Exchange.

Bolsa de valores: Stock Exchange.

Bolsa negra: Black market.

Bolsas de comercio: Stocks exchange.

Bolsista: Broker.

BONEX: BONEX (External Bond).

Bonista: Bondholder.

Bono: Bond.

Bono amortizable anticipadamente: Depreciable bond in advance.

Bono amortizable con los ingresos: Depreciable bond with the income.

Bono Bunny: Bond Bunny.

Bono con descuento: Bond with descount.

Bono convertible: Convertible bond.

Bono cupón cero: Zero cupon bond.

Bono de caja: Cash bond.

Bono de conversión: Convertible bond.

Bono de trabajo: Participating bond (for employees).

Bono doble: Dual-currency bond.

Bono garantizado: Guaranteed bond.

Bono hipotecario: Mortage bonds.

Bono registrado: Registered bond.

Bono resultado: Bond result.

Bono sintético: Synthetic bond.

Bono verde: Farm bond.

BONOD: Registered bond in dollars.

Bonos: Bonds.

Bonos a plazo fijo: Fixed term bonds.

Bonos basura: Junk bonds.

Bonos Brady: Brady bonds.

Bonos convertibles: Convertible bonds.

Bonos de consolidación: Consolidation bonds.

Bonos de consolidación de deudas a proveedores del estado: Debt consolidation bonds to the state suppliers.

Bonos de consolidación de deudas previsionales: Provisional debt consolidation bonds.

Bonos de consolidación económica: Economic consolidation bonds.

Bonos de crédito a la exportación: Export credit bonds.

Bonos de fundador: Founder´s shares.

Bonos de garantía: Guaranty bonds.

Bonos de garantía colateral: Collateral guaranty bonds.

Bonos de goce: Participating bonds issued to stockholders.

Bonos de inversión y crecimiento: Investments and growth bond.

Bonos de participación: Participating bonds.

Bonos de participación para el personal: Participating bonds for employees.

Bonos de prenda: Pledge bonds.

Bonos de tesorería: Treasury bonds.

Bonos de vencimiento escalonado: Serial bonds.

Bonos del tesoro: Treasury bonds.

Bonos externos: External bonds.

Bonos hipotecarios: Mortage bonds.

Bonos nominativos en dólares: Registered bonds in dollars.

Bonus: Bonus.

Boom: Boom.

Bordereaux: Bordereaux.

BOTE: Treasury bonds.

Brainstorming: B ainstorming.

Brecha cambiaria: Currency gap.

Brecha de fondos: Funds gap.

Brecha de pobreza: Poverty gap.

Bretton Woods: Bretton Woods.

Broker: Broker.

Bull: Bull.

Bundesbank: Bundesbank. German Central Bank.
Buró: Bureau.
Bursátil: Stock market.
Bursatilidad: Trading volume.
Bursatómetro: Securities and stocks register having special treatment or some exemption.

C

C&f: Cost and freight.
Cable: Wire.
Cadena de bancos: Chain of banks.
Caducidad: Expiration.
Caducidad cambiaria: Exchange lapse.
Caducidad de la inscripción de la hipoteca: Lapsing of the mortgage registration.
CAEM: CMEA (Council for Mutual Economic Assistance).
Caja: Cash.
Caja - arqueo de: Cash count.
Caja automática: Automatic teller.
Caja chica: Petty cash.
Caja de ahorro: Saving account.
Caja de ahorro en dólares o moneda extranjera: Saving account in dollars or foreign currency.
Caja de ahorro especial: Preference saving account.
Caja de crédito: Credit cash.
Caja de seguridad: Safety box.
Caja de valores: Custodian authority.
Caja fuerte: Safety box.
Caja registradora: Cash register.
Caja y bancos: Cash and banks.
Cajero automático: Automatic teller.
Calculadora: Calculator.
Calcular: To calculate.
Cálculo: Calculation.
Cálculo aproximado: Approximate calculation.
Cálculo básico: Basic calculation.

Cálculo financiero: Financial calculation.
Calendario: Calendar.
Calificación bancaria: Banking classification.
Calificación de riesgo soberano: Qualification of sovereign risk.
Calificadora de riesgo: Rating agency.
Call: Call.
Call money: Call money.
Call option: Call option.
Cámara de Comercio Internacional: International Chamber of Commerce.
Cámara de compensación: Clearing chamber.
Cambiar: To change.
Cambio: Change. Exchange. Barter.
Cambio abierto: Currency Availability.
Cambio asegurado: Change insurance.
Cambio controlado: Control exchange market.
Cambio de apertura: Opening exchange rate.
Cambio de cierre: Closing exchange rate.
Cambio del día: Today´s exchange Rate.
Cambio fijo: Fixed exchange rate.
Cambio libre: Free market exchange rate.
Cambio oficial: Official exchange rate.
Cambio sucio: Floating exchange rate.
Cambista: Money broker.
Cancelación: Cancellation. Expiration.
Cancelación anticipada: Cancellation.
Cancelación contra resultados: Cancellation against lost. Write-off.
Cancelación de deuda: Cancellation of a debt.
Cancelar: To cancel. To expire.
Canje: Exchange.
Canon: Canon. Tax. Rent.
Cantidad: Quantity. Amount.
Cantidad a cuenta: Amount on account.
Cantidad liquida: Liquid asset.

CAP: CAP.

Capacidad adquisitiva: Purchasing capacity.

Capacidad contributiva: Contributing capacity.

Capacidad de pago: Paying capacity.

Capacidad financiera: Financial capacity.

Capital: Capital. Principal.

Capital a mantener: Capital reserve.

Capital accionario: Capital in stock. Equity.

Capital ajeno: Third party capital.

Capital dinerario: State capital.

Capital económico: Production capital.

Capital en acciones: Stock capital.

Capital en circulación: Circulating capital.

Capital en efectivo: Capital in cash.

Capital en giro: Working capital.

Capital fijo: Fixed capital.

Capital financiero: State capital.

Capital físico: Nominal capital.

Capital golondrina: Capital flight.

Capital inmovilizado: Fixed capital.

Capital integrado: Paid-in capital.

Capital invertido: Invested capital.

Capital líquido: Net worth.

Capital monetario: Capital in money.

Capital social: Capital stock.

Capital suscripto: Subscribed capital.

Capitalización: Capitalization.

Capitalización bursátil: Stock-exchange capitalization.

Capitalización compuesta: Composite capitalization.

Capitalización de beneficios: Benefits capitalization.

Capitalización de dividendos: Dividends capitalization.

Capitalización de reservas: Reserves capitalization.

Capitalización simple: Single capitalization.

Capitalizar: To capitalize.

Capitalizar una deuda: To capitalize a debt.

CAPS: CAPS.

Cargar: To debit.

Cargas financieras: Financial charges.

Cargas fiscales: Fiscal charges.

Cargas por intereses: Charges on interests.

Cargas sociales: Social security contributions.

Cargas tributarias: Tax charges.

CARICOM: CARICOM.

Carta de crédito: Letter of credit.

Carta de pago: Acquittance.

Carta del presidente: Chairman´s report.

Carta poder: Power of attorney.

Cártel: Cartel.

Cartera: Portfolio.

Cartera de crédito: Portfolio of credit.

Cartera de valores: Portfolio of securities.

Casa de la Moneda: Mint (United States Mint. The British Royal Mint).

Cash: Cash.

Caución: Security. Repo.

Caución bursátil: Repo.

Caución de valores mobiliarios: Repo.

Caudal: Money. Weath.

CEAO: ECOWAS. Economic Community of West African States.

CECA: ECSC. European Coal and Steel Community.

Cedente: Assignor.

Cédula: Bond. Document which confirms an obligation, especially a debt. Card. Notice.

Cédula hipotecarias: Mortgage bonds.

Cédulas hipotecarias especiales: Special mortgage bonds.

Cédulas hipotecarias rurales: Rural mortgage bonds.

CEE: ECC. European Economic Community.

CEI: CIS. Commonwealth of Independent

States.

Centavo: Cent.

Centena: A hundred.

CEPAL: ECLAC. Economic Commision for Latin America and the Caribbean.

Cero: Zero.

Cerrado: Closed.

Cerrar una posición: To close a position.

Certificación: Certification.

Certificado: Certificate.

Certificado canjeable: Exchangeable voucher.

Certificado de acción: Certificate stock.

Certificado de cancelación de deudas: Settlement certificate.

Certificado de dividendo: Dividend warrant.

Certificado de libre deuda: Free and clear certificate.

Certificados de cancelación de deuda: Certificates of satisfaction of the debt.

Certificados de reintegro de impuestos: Certificates of tax reimbursement.

Cesión de créditos: Assignment of negotiable instruments.

Cesionario: Assignee.

Cesta de fondo: Fund basket.

CFI: Implicit financial charges.

Ch: Check.

Chantaje: Blackmail.

Chartismo: Chartism.

Che: Special mortgage bonds.

Cheque: Check (AmE). Cheque (BrE).

Cheque a la orden: Order check.

Cheque abierto: Open check.

Cheque adulterado: Altered check.

Cheque al portador: Check to bearer.

Cheque antedatado: Antedated check.

Cheque anulado: Cancelled check.

Cheque cancelado: Cancelled check.

Cheque certificado: Certified check.

Cheque circular: Cashier´s check.

Cheque común: Check.

Cheque conformado: Certified check.

Cheque cruzado: Crossed check.

Cheque cruzado en especial: Specially crossed check.

Cheque cruzado en general o en especial: Generally or specially crossed check.

Cheque de caja: Cashier´s check.

Cheque de canje: Exchange check.

Cheque de mostrador: Counter check.

Cheque de pago diferido: Deferred check.

Cheque de plaza: Market check.

Cheque de viajero: Traveler´s check. Travellers cheque.

Cheque devuelto: Bad check.

Cheque diferido: Post-dated check.

Cheque en blanco: Blank check.

Cheque - endoso: Endorsement check.

Cheque extraviado o robado: Lost or stolen check.

Cheque falsificado: Forged check.

Cheque garantizado: Guaranteed check.

Cheque imputado: Assigned check.

Cheque judicial: Judicial check.

Cheque lavado: Check laundry.

Cheque no a la orden: Not-to-order check.

Cheque no negociable: Non negotiable check.

Cheque nominativo: Check to order.

Cheque para acreditar la cuenta: Check to credit in an account.

Cheque personal: Personal check.

Cheque posdatado: Post-dated check.

Cheque postal: Postal money order.

Cheque rechazado: Bad check.

Cheque visado: Cortified ohook.

Chequear: To write out a check. To check.

Chequeo: Check.

Chequera: Check book.

Chicharro: Small caps.

Chr: Rural Mortgage Bonds.

Ciclo económico: Economic cycle.

Ciencia financiera: Financial science.

Ciencias económicas: Economic sciences.

Cierre: Close. Closing.

Cierre de cuenta bancaria: Closing of a bank account.

Cierre de cuentas: Accounts closing.

Cierre del crédito: Closing of an account.

CIF: CIF.

Cifra: Figure.

Circulación fiduciaria: Fiduciary circulation.

Circulación monetaria: Monetary circulation.

Cláusula "a la orden": Order clause.

Cláusula C&F: C&F clause.

Cláusula de nación más favorecida: Most favored nation clause.

Cláusula de no negociabilidad: Clause which prohibits negotiability.

Cláusula de "valor en cuenta" y "valor entendido": "For value" and "agreed amount" clause.

Cláusula no a la orden: Not-to-order clause.

Clave Única de Identificación Tributaria: Personal Tax Identification Number.

Clearing: Clearing.

Clearing de títulos: Securities clearing.

Clearing internacional: Internacional clearing.

Cliente: Customer. Client.

Club de París: Paris Club.

CNV: National Securities Exchange Commision (in Argentina).

Coacreedor: Cocreditor.

Cobertura: Coverage. Cover.

Cobertura cambiaria: Exchange cover.

Cobertura de cambio: Exchange rate cover.

Cobertura de intereses: Interest coverage.

Cobertura financiera: Financial cover.

Cobrable: Collectible.

Cobrador: Collector.

Cobranza: Collection.

Código: Code.

Código de barras: Bar code.

Código Único de Identificación Laboral: Personal Labor Identification Number.

Coeficiente: Coefficient. Index. Ratio.

Coeficiente beta: Coefficient beta.

Coeficiente de Engel: Engel's coefficient.

Coeficiente de estabilización de reforma: Coefficient of stabilization of reform.

Coeficiente de reexpresión: Coefficient of restatement.

Coeficiente de variación entre dos fechas: Coefficient of variation between dates.

Coeficiente estándar: Standard index.

Cofiador: Co-surety.

Colateral: Collateral.

Collar: Collar.

Colocación: Position. Investment. Placement.

Colocación asegurada: Assured positioning.

Colocación de valores: Placement of securities.

Colocación firme: Firm positioning.

Colocación primaria: Primary placement.

Colocación secundaria: Secondary placement.

Colocador: Broker.

Colportage: Colportage.

Combinación mercantil: Business combination.

COMECOM: COMECOM.

Comercial: Commercial.

Comercio: Commerce. Trade.

Comercio al por mayor: Wholesale trade.

Comercio al por menor: Retail trade.

Comercio bilateral: Bilateral trade.

Comercio exterior: Foreign commerce.

Foreign trade.

Comercio interior: Domestic commerce.

Comercio interno: Domestic commerce.

Comisión: Commission.

Comisión bancaria: Banking commission.

Comisión de Valores de los EE.UU: SEC. Securities and Exchange Commission.

Comisión Económica para América Latina y el Caribe: Economic Commission for Latin America and The Caribbean.

Comisión Nacional de Valores: National Securities Exchange Commision.

Comitente: Consignor.

Commercial paper: Commercial paper.

Commodities: Commodities.

Commodity: Commodity.

Comodato: Commodatum. Loan for use.

Compensación: Compensation. Offset.

Componentes de la tasa de interés: Interest rate components.

Componentes financieros: Financial charges.

Componentes financieros explícitos: Explicit financial charges.

Componentes financieros implícitos: Implicit financial charges.

Compra a término: Term purchase.

Compra a plazo: Installment purchase.

Compra al contado: Cash purchase.

Compra - venta: Purchase and sale.

Compra - venta mercantil: Purchase for resale.

Comprensabilidad: Comprehensibility.

Comprobante: Voucher. Documentary proof.

Comprobante de pago: Credit slip. Receipt.

Comprobantes externos: External documents.

Comprobantes internos: Internal documents.

Comprobar: To verify.

Compromiso: Commitment.

Compulsa de libros: Books collation.

Computar: To calculate.

Comunidad de Estados Independientes: Commonwealth of Independent States.

Comunidad del Caribe: Caribbean Community.

Comunidad Económica de África Occidental: West Africa Economic Community.

Comunidad Económica del Carbón y el Acero: European Coal and Steel Community.

Comunidad Económica Europea: European Economic Community.

Concentración: Concentration.

Conciliación: Reconciliation.

Conciliación bancaria: Bank reconciliation.

Concurrencia: Competition.

Concurso de acreedores: Composition with creditors.

Concurso preventivo: Composition with creditors. Arrangement with creditors to avoid bankruptcy.

Condonación: Remission.

Conferencia de las Naciones Unidas sobre Comercio y Desarrollo: United Nations Conference on Trade and Development.

Confirmación: Confirmation.

Confirmación externa: Foreign confirmation.

Confirming: Confirming.

Congelación: Freeze.

Conglomerado: Conglomerate.

Conjunto económico: Joint venture.

Consejo: Board.

Consejo de Asistencia de Economía Mixta o Ayuda Económica Mutua: Council for Mutual Economic Cooperation.

Consejo de Cooperación Aduanera:

Customs Cooperation Council.

Consejo de Cooperación del Golfo: Gulf Cooperation Council.

Consejos Profesionales de Ciencias Económicas: Professional Associations of Economic Sciences.

Consignación: Consignment.

Consistencia: Consistency.

Consolidación: Consolidation.

Consultor: Consultant.

Consultora: Consultancy agency.

Contabilidad: Accounting.

Contabilidad bancaria: Bank accounting.

Contabilidad de costos: Cost accounting.

Contabilidad financiera: Financial accounting.

Contabilidad general: Financial accounting.

Contabilidad gerencial: Management accounting.

Contabilidad legal: Legal accounting.

Contabilidad nacional: National accounting.

Contabilidad patrimonial: Commercial accounting.

Contabilidad plurimonetaria: Multicurrency accounting.

Contabilización: Bookkeeping.

Contabilizar: To enter in the books.

Contado: Cash.

Contador: Accountant. Bookkeeper.

Contador público: Public accountant.

Contaduría: Accountancy. Accountant´s office. Account´s department. Pawnshop.

Contango: Contango.

Contracción monetaria: Monetary fall.

Contrato: Contract. Agreement.

Contrato administrativo: Government contract (with administrative body).

Contrato civil: Civil contract.

Contrato comercial: Commercial contract.

Contrato de auditoría: Audit agreement.

Contrato de canje: Swap.

Contrato de depósito: Bailment contract.

Contrato de futuros: Futures contract.

Contrato de opción: Contract of option.

Contrato escrito: Written contract.

Contrato leonino: Unconscionable contract.

Contrato mercantil: Commercial contract.

Contrato privado: Private agreement.

Contrato público: Public contract.

Contrato usurario: Usurious contract.

Contrato verbal: Oral contract.

Contravalor: Counter value.

Contribución de mejoras: Contribution for improvements.

Contribuciones: Contributions.

Contribuciones de mejoras: Contributions for improvements.

Contribuciones especiales: Special contributions.

Contribuciones parafiscales: Parafiscal contributions.

Contribuyente: Taxpayer.

Control aritmético: Arithmetic control.

Control contable: Accounting control.

Control de cambio: Exchange control.

Control de cambios: Exchange control.

Controladora: Controller.

Conversión: Conversion.

Conversión de créditos: Credits conversion.

Conversión de títulos: Securities conversion.

Conversión del activo: Assets conversion.

Convertibilidad: Convertibility.

Cónyuge: Spouse.

Corner: Corner.

Corporación: Association.

Corrección bursátil: Stock-exchange correction.

Corredor bursátil: Stock Echange broker.

Corredor de bolsa: Stock Echange broker.

Corte de cupón: Coupon clipping.

Corto plazo: Short-term.

Costo actual: Actual cost.

Costo capitalizado: Capitalized cost.

Costo de adquisición: Acquisition cost.

Costo de capital: Cost of capital.

Costo de conservación: Maintenanse expense.

Costo de mercado: Market cost.

Costo de oportunidad: Opportunity cost.

Costo de producción: Production cost.

Costo de reposición: Replacement cost.

Costo de reproducción: Reproduction cost.

Costo de ventas: Cost of sales.

Costo de vida: Cost of living.

Costo fijo: Fixed cost.

Costo financiero: Financial cost.

Costo financiero total: Total financial cost.

Costo indirecto: Indirect cost.

Costo monetario: Monetary cost (the means of production for the manufacturing and launch of a new quantity of product).

Costo por intereses: Cost by interests.

Costo semifijo o semivariable: Semifixed or semivariable cost.

Costo unitario: Unit cost.

Costo variable: Variable cost.

Cotización: Quotation.

Cotización bursátil: Stock Exchange quotation.

Cotización de divisas: Currency quotation.

Cotización directa: Direct quotation.

Cotización indirecta: Indirect quotation.

Cotizar: To quote. To pay. To be highly valued.

Coupon stripping: Coupon stripping.

Coyuntura: Business cycle. Economic situation.

Coyuntura económica: Economic situation.

CPCE: Professional Associations of Economic Sciences (Consejo Profesional de Ciencias Económicas en la Argentina).

Crash: Crash.

Crawling peg: Crawling peg.

Creación del dinero bancario: Creation of the banking money.

Creación primaria de dinero: Primary creation of money.

Creación primaria neta: Monetary base.

Creación secundaria de dinero: Secondary creation of money.

Credibilidad: Credibility. Credit.

Crédito: Credit. Reputation. Loan.

Crédito a corto plazo: Short-term .

Crédito a interés fijo: Fixed interest credit.

Crédito a interés variable: Variable interest credit.

Crédito a largo plazo: Long-term credit.

Crédito a sola firma: Unsecured loan.

Crédito abierto: Open credit.

Crédito acordado: Agreed loan.

Crédito asignado: Given loan.

Crédito atado: Tied loan.

Crédito bancario: Bank credit. Bank loan.

Crédito blando: Soft loan.

Crédito cerrado: Closed credit.

Crédito comercial: Trade credit.

Crédito con garantía personal: Personal loan.

Crédito con garantía real: Secured loan.

Crédito de consumo: Consumer loan.

Crédito de producción: Production credit.

Crédito documentario: Documentary credit.

Crédito estacional: Seasonal credit.

Crédito extraordinario: Credit granted under extraordinary circunstances.

Crédito garantizado: Secured credit.

Crédito hipotecario: Mortgage loan.

Crédito incobrable: Account uncollectible. Bad debt.

Crédito mercantil: Trade credit.

Crédito no garantizado: Unsecured credit.

Crédito "on lending": "On lending" credit.

Crédito personal: Personal loan.

Crédito prendario: Loan secured by a pledge.

Crédito puente: Credit bridge.

Crédito refaccionario: Loan granted for repairing fixed assets.

Créditos en gestión judicial: Credits in litigation.

Créditos incobrables: Accounts uncollectible. Bad debts.

CRI: Certificates of tax reimbursement (Certificados de Reintegro de Impuestos).

Crisis: Shortage. Crisis.

Crisis económica: Economic crisis.

Cross rates: Cross rates.

Cuantificación: Quantification.

Cuasi-dinero: Cuasi money.

Cuasi moneda: Cuasi money.

Cuatrimestral: Four-month.

Cuatrimestre: Four-month period.

Cubrir: To cover.

Cuello: Collar.

Cuenta: Account.

Cuenta a cobrar: Account receivable.

Cuenta a pagar: Account payable.

Cuenta a plazo: Deposit account.

Cuenta abierta: Open account.

Cuenta cifrada: Numbered account.

Cuenta congelada: Frozen account.

Cuenta corriente bancaria: Checking account.

Cuenta corriente conjunta: Joint checking account.

Cuenta corriente indistinta: Several current account.

Cuenta corriente mercantil: Commercial checking account.

Cuenta numerada: Numbered account.

Cuenta Vostro: Vostro account.

Cuentas por cobrar: Accounts receivable.

Cuentas por pagar: Accounts payable.

CUIL: Personal Labor Identification Number (Código Único de Identificación Laboral).

CUIT: Personal Tax Identification Number (Clave Única de Identificación Laboral).

Cuota: Installment. Tax rate. Share.

Cuota de amortización: Depreciation rate.

Cuota de capital: Capital share.

Cuotas partes: Shares.

Cupo: Quota.

Cupo de licitación: Quota bid.

Cupón: Coupon.

Curso forzoso: Legal tender.

Curso legal: Legal tender.

Cursograma: Flow chart.

Curva de Laffer: Laffer curve.

Curva de Lorenz: Lorenz curve.

Custodia: Custody.

Custodia de títulos: Custody of securities.

Custodio: Custodian.

CVS: Coefficient of Variation of Wage.

D

Dación de pago: Dation of payment.

Daño: Damage. Loss.

Daño emergente: Acual damage. Damnum emergens.

Daños y perjuicio: Damages.

Dar: To give. To donate.

Dar en prenda: To pledge.

Debacle: Debacle.

Debe: Debit.

Debenture: Debenture.

Debentures con garantía combinada: Acquired debentures with combined guaranty.

Debentures con garantía común:

Debentures with ordinary guaranty.

Debentures con garantía especial: Debentures with special guaranty.

Debentures con garantía flotante: Debentures with floating guaranty.

Debentures convertibles en acciones: Convertible debentures in stocks.

Debentures incinerados: Incinerated debentures.

Debentures rescatados: Redeemed debentures.

Debentures rescatados por licitación: Debentures redeemed by bidding.

Debentures rescatados por sorteo: Redeemed debentures by draw.

Debentures sin garantía: Unsecured debentures.

Debenturista: Debenture holder.

Deber: To debit. To owe.

Debitar: To debit. To charge.

Débitos bancarios: Banking debits.

Deca: Deca.

Década: Decade.

Decenio: Decade.

Décima: Tenth.

Decimal: Decimal.

Decisión no programada: Non-planned decision.

Decisión programada: Planned decision.

Decisiones de inversión: Investment decisions.

Decisiones de riesgo: Risk decisions.

Decisor: Decisión marker.

Declaración aduanera: Bill of entry.

Declaración de quiebra: Declaration of bankruptcy.

Declaración fiscal: Income tax return.

Declaración jurada: Affidavit.

Declinación en la utilidad económica: Decrease in profit.

Décuplo: Decuple.

Default: Default.

Déficit: Deficit.

Déficit cuasi fiscal: Quasi-fiscal deficit.

Déficit de la balanza comercial: Trade balance debit.

Déficit de la balanza de pagos: Balance of payment deficit.

Déficit fiscal: Fiscal deficit. Fiscal spending.

Déficit operacional: Operational deficit.

Déficit presupuestario: Budget deficit.

Déficit primario: Primary deficit.

Deflación: Deflation.

DEGs: SDRs (Special drawing rights).

Demanda de dinero: Demand for money.

Demanda global: Global demand.

Demanda monetaria: Monetary demand.

Denario/a: Denarius.

Denominación: Name.

Denominación social: Trade name.

Denominador: Divisor.

Departamentalización: Departamental division.

Deport: Deport.

Depositante: Depositor. Bailor.

Depositar: To deposit. To bail.

Depositario: Depository.

Depósito: Deposit. Store.

Depósito a la orden conjunta: Joint-order deposit.

Depósito a la orden individual: Order deposit.

Depósito a la orden recíproca o indistinta: Deposit to the reciprocal or mutual order.

Depósito a la vista: Demand deposit.

Depósito a nombre de una persona y a la orden de otra: Deposit under the name of one person and to the order of another.

Depósito a plazo fijo: Fixed term deposit.

Depósito a plazo fijo en dólares: Fixed term deposit in dollars.

Depósito a plazo fijo en pesos: Fixed

term deposit en pesos.

Depósito a plazo fijo intransferible: Nontransferable fixed term deposit.

Depósito a plazo fijo tasa libre: Fixed term deposit free rate.

Depósito a plazo fijo tasa regulada: Fixed term deposit regulated rate.

Depósito a plazo fijo transferible: Transferable fixed term deposit.

Depósito a plazo transferible: Transferable term deposit.

Depósito aduanero: Customs warehouse.

Depósito bancario: Banking deposit.

Depósito bancario a la vista: Bank deposit at sight.

Depósito bancario a plaza: Term bank deposit.

Depósito en caja de ahorro: Saving account deposit.

Depreciar: To depreciate.

Derecho concursal: Bankruptcy Law and regulations of proceedings prior to bankruptcy.

Derecho constitucional tributario: Tax contitutional law.

Derecho de exportación: Customs duty.

Derecho de importación: Customs duty.

Derecho de importación antidumping: Anti-dumping duty.

Derecho de importación compensatorio: Anti-bounty duty.

Derecho de importación específico: Straight of specific import.

Derecho de retención: Lien.

Derecho de timbre: Stamp duty.

Derecho económico: Business law.

Derecho financiero: Financial law.

Derecho fiscal: Fiscal law.

Derecho internacional: International law.

Derecho internacional tributario: International tax law.

Derecho marítimo: Maritime law.

Derecho minero: Mining law.

Derecho penal económico: Economic criminal law.

Derecho privado: Private law.

Derecho tributario: Tax law.

Derechos de aduana: Customs duties.

Derechos especiales de giro: Special drawing rigths.

Derivado: Derivative.

Derivativo de capital: Derivative.

Derivativos: Derivate instruments.

Derrumbe bursátil: Stock market crash.

Desagio: Devaluation.

Desahorro: Dissaving.

Desamortizar: To unamortize.

Desarrollo: Development.

Desarrollo sustentable: Sustainable development.

Desatesoramiento: Dehoarding.

Descapitalización: Decapitalization.

Descontar: To discount.

Descuento: Discount.

Descuento bancario: Banking discount.

Descuento compuesto: Compound discount.

Descuento convenido: Agreed discount.

Descuento en efectivo: Cash discount.

Descuento financiero: Financial discount.

Desgravación: Reduction of taxes. Tax allowance.

Desinflación: Disinflation.

Desmantelamiento: Dismantling.

Desmonetización de la economía: Demonetization of the economy.

Desmonetización del oro: Demonetization of gold.

Despegue: Takeoff.

Deterioro del valor: Deterioration in value.

Determinación de oficio: Official determination.

Deuda: Debt.

Deuda a corto plazo: Short-term debt.

Deuda a largo plazo: Long-term debt.

Deuda externa: Foreign debt.

Deuda flotante: Floating debt.

Deuda interna: Internal debt.

Deuda subordinada: Subordinated debt.

Deudas directas: Direct debts.

Deudas indirectas: Indirect debts.

Deudor: Debtor.

Deudor fallido: Bankrupt debtor.

Deudor hipotecario: Mortgagor.

Deudor insolvente: Insolvent debtor.

Deudor prendario: Pledger.

Deudores comunes: Accounts receivable. Sundry debtors.

Deudores diversos: Accounts receivable. Sundry debtors.

Deudores en gestión judicial: Accounts in litigation.

Deudores en litigio: Accounts in litigation.

Deudores incobrables: Accounts uncollectible.

Deudores morosos: Delinquent debtors.

Deudores por ventas: Trade receivables.

Deudores varios: Accounts receivable. Sundry debtors.

Devaluación: Devaluation.

Devaluación compensada: Compensated devaluation.

Devengado: Accrued.

Devengamiento: Accrual.

Devengar: To accrue.

Devengo: Amount due.

Devolver: To return.

DGI: Internal Revenue Service in Argentina.

Día de gracia: Grace day.

Día de pago: Pay day.

Día de trabajo: Working day.

Día feriado: Holiday.

Día festivo: Holiday.

Día hábil: Working day.

Día laborable: Working day.

Día o días de gracia: Day or days of grace.

Diagrama circular: Pie diagram.

Diagrama de estructura: Organization chart.

Diagrama de flujo: Flow chart.

Diagrama de Gantt: Gantt chart.

Diagrama de organización: Organization chart.

Diario: Daily. Journal.

Diario auxiliar: Subsidiary journal.

Diario de caja: Cash book.

Diario general: General journal.

Diarios de ventas: Sales journal.

Diarios especiales: Special journal.

Diarización: Daily record.

Dictamen: Opinion.

Dictamen adverso: Adverse opinion.

Dictamen con abstención de opinión: Disclaimer opinion.

Dictamen del auditor: Auditor´s opinion.

Dictamen del Instituto Técnico de Contadores Públicos: Opinion of the Technical Institute of Public Accountants.

Dictamen favorable con salvedades: Favorable qualified opinion.

Dictamen favorable con salvedades determinadas: Favorable qualified determined opinion.

Dictamen favorable con salvedades indeterminadas: Favorable qualified undetermined opinion.

Dictamen favorable sin salvedades: Unqualified opinion.

Dictamen interno: Internal opinion.

Dictamen opinión parcial: Partial opinion.

Dictaminar: To give an opinion.

Dietas: Fees.

Diezmo: Tithe.

Diferencia de caja: Cash differential.

Diferencia de cambio: Change rate differential.

Diferencia permanente: Permanent difference.

Diferencia temporal: Temporary difference.

Diferido: Deferred.

Diferimiento: Deferment.

Difusión: Broadcast.

Digital: Digital.

Digitalizadora: Digitizer.

Dígito: Digit.

Digo: "I say" means I rectify from a mistake I have made when writing figures or words in checks, contracts, books, etc.

Dilución: Dillution.

Dinámica económica: Economics dynamics.

Dinero: Money.

Dinero a la vista: Sight money.

Dinero bancario: Bank money.

Dinero barato: Cheap money.

Dinero caliente: Hot money.

Dinero de curso legal: Legal tender.

Dinero en metálico: Coined money. Hard money.

Dinero errante: Capital flight.

Dinero estéril: Inactive money.

Dinero fácil: Easy money.

Dinero fiduciario: Fiduciary money.

Dinero inactivo: Inactive money.

Dinero legal: Legal money.

Dinero negro: Black money.

Dinero ocioso: Idle money.

Dirección: Process.

Dirección autócrata: Autocrat management.

Dirección de crisis: Management in a crisis.

Dirección General Impositiva: Internal Revenue Service.

Directiva: Rule. Board of directors. Instruction.

Directivos: Directors.

Director: Director.

Director general: General director.

Directorio: Board of directors.

Directriz: Guidelines. Instructions.

Disciplina: Discipline.

Disco magnético: Magnetic disk.

Discrecionalidad: Discreteness. Discretionary authority.

Discrepancia: Discrepancy.

Discriminación comercial: Trade discrimination.

Diseño: Design.

Diseño de sistema: System design.

Disfunción: Disfunction.

Disolución de sociedades: Dissolution of partnerships.

Disolución parcial de sociedades: Partial dissolution of partnerships.

Disolución total de sociedades: Final dissolution of partnerships.

Dispersión: Dispersion.

Disponibilidad: Availability.

Disponibilidad inmediata: Cash on hand.

Disponibilidades: Cash and banks.

Disponible: Available.

Dispuesto: Part of a credit actually used by the borrower.

Disquete: Diskette.

Distintivo: Distinctive.

Distracción: Distraction.

Distribución: Distribution.

Distribución de costos: Distribution of expenses.

Distribución de gastos: Distribution of expenses.

Distribución de la nómina: Payroll distribution.

Distribución de utilidades: Allocation of profits.

Distribución del ingreso: Income distribution.

Diversificación del riesgo: Diversification of risk.

Dividendo: Dividend.

Dividendo a cobrar: Dividend receivable.

Dividendo a pagar: Dividend payable.

Dividendo acumulado: Accumulated dividend.

Dividendo acumulativo: Cumulative dividend.

Dividendo anticipado: Interim dividend.

Dividendo complementario: Extra dividend.

Dividendo de capital: Capital dividend.

Dividendo de liquidación: Liquidation dividend.

Dividendo de regularización: Equalizing dividend.

Dividendo definitivo: Final dividend.

Dividendo devengado: Accrued dividend.

Dividendo diferido: Deferred dividend.

Dividendo en acciones: Stock dividend.

Dividendo en bonos: Bond dividend.

Dividendo en efectivo: Cash dividend.

Dividendo en especies: Dividend in kind.

Dividendo en propiedades: Properly dividend.

Dividendo extra: Extra dividend.

Dividendo extraordinario: Extraordinary dividend.

Dividendo fijo: Preferred dividend.

Dividendo ganado: Earned dividend.

Dividendo garantizado: Guaranteed dividend.

Dividendo no acumulativo: Noncumulative dividend.

Dividendo opcional: Optional dividend.

Dividendo ordinario: Cash dividend.

Dividendo participante: Participating dividend.

Dividendo preferente: Preferred dividend.

Dividendo preferido: Preferred dividend.

Dividendo prescripto: Dividend payable.

Dividendo provisional: Interim dividend.

Dividendo provisorio: Interim dividend.

Divisa: Currency.

División: Division.

Doble imposición: Double taxation.

Doble imposición internacional: International double taxation.

Doctrina: Doctrine.

Documentación: Documentation.

Documentación contable: Accounting documentation.

Documentar una deuda: To give a note or other evidence of indebtedness to back a debt.

Documento: Document. Promissory note.

Documento a la orden: Order note.

Documento a la vista: Demand note.

Documento al portador: Bearer note.

Documento de crédito: Credit note.

Documento de garantía: Security. Secured note.

Documento endosable: Endorsable note.

Documento equivalente: Equivalent document.

Documento fuente: Source document.

Documento negociable: Negotiable note.

Documento perfecto: Perfect document.

Documento privado: Private document.

Documento probatorio: Voucher.

Documento público: Public document.

Documentos a cobrar con caución de títulos: Notes receivable secured by bonds.

Documentos a cobrar con garantía prendaria: Notes receivable on pledge.

Documentos comerciales: Commercial instruments.

Documentos de crédito: Credit instruments.

Documentos desatendidos: Matured and unpaid instruments.

Documentos protestados: Protest notes.

Documentos vencidos: Matured notes.

Dogmático: Dogmatic.

Dólar: Dollar.

Dólar exportación: Export dollar.

Dólar importación: Import dollar.

Dólar transferencia: Dollar transfer.

Dolarización: Dollarization.

Dolo: Intention.

Domicilio: Domicile.

Domicilio comercial: Commercial domicile.

Domicilio de origen: Domicile of choice.

Domicilio especial: Residence for special legal purpose.

Domicilio fiscal: Domicile for tax purpose.

Domicilio general: Domicile.

Domicilio legal: Domicile of choice.

Domicilio ordinario: Domicile.

Domicilio real: Domicile of choice.

Donación: Donation.

Dosier: Dossier.

Dote: Dowry.

Dow Jones: Dow Jones.

Draw back: Draw back.

Dueño: Owner.

Dumping: Dumping.

Dumping social: Social dumping.

Duopolio: Duopoly.

Duopsonio: Duopony.

Duplicado: Copy.

Duplicado exacto: Exact duplicate.

Duplicata: Copy. Duplicate invoice.

Dupont: Dupont.

Durabilidad: Durability.

Duración: Duration. Working time. Life. Term.

Duración ilimitada: Unlimited term.

Duración limitada: Limited term.

E

Economía: Economy. Economics.

Economía monetaria: Monetary economy.

Ecu: European Currency Unit.

Efectivo mínimo: Minimun reserve requirement.

Efecto cascada: Waterfall effect.

Efecto palanca: Leverage.

Efecto Tanzei: Tanzi effect.

Efectos económicos de los impuestos: Tax economics effects.

Eficacia de la cobertura: Cover effectiveness.

Egreso: Outlay. Discharge. Expense. Withdrawal.

Egresos corrientes: Current expenditure.

Egresos de capital: Capital spending.

Egresos presupuestarios: Budgetary expenditure.

Ejecución fiscal: Tax execution.

Ejecutivo: Executive.

Ejercicio fiscal: Fiscal period.

Elementos de una operación financiera: Elements of a financial transaction.

Elusión: Evasion.

Embargo: Attachment.

Emisión: Issue.

Emisión a la par: Issue at par.

Emisión bajo la par: Issue below par.

Emisión de acciones: Stock issue.

Emisión de bonos: Bond issue.

Emisión de documento o comprobante: Note or voucher issue.

Emisión de moneda: Money issue.

Emisión fiduciaria: Note issue. Trust issue.

Emisión sobre la par: Issue above par.

Emisor: Emitter.

Emitir: To issue.

Emitir valores: To issue securities.

Empresa: Company.

Empresa extranjera: Foreign company.

Empresa individual: Individual company.

Empresa mercantil: Mercantile company.

Empresa multinacional: Multinational company.

Empresa no mercantil: Non-mercantile company.

Empresa privada: Private company.

Empresa pública: Public company.

Empresa unipersonal: Unipersonal company.

Empresario: Entrepreneur.

Empréstito: Borrowing.

Empréstito externo: Foreign borrowing.

Empréstito forzoso: Forced loan.

Empréstito interno: Internal loan.

Empréstito patriótico: Patriotic loan.

Empréstito voluntario: Voluntary loan.

EMU: EMU. European Monetary Union.

En comandita: Limited partnership.

En existencia: In stock.

En firme: Firm.

Encaje: Reserve requirement.

Encaje no remunerado: Non-remunerated reserve requirement.

Encaje remunerado: Remunerated reserve requirement.

Endeudamiento: Debt.

Endosable: Endorsable.

Endosado: Endorsed.

Endosante: Endorsor.

Endosar: To endorse.

Endosatario: Endorsee.

Endoso: Endorsement.

Endoso de garantía: Guaranty endorsement.

Endoso irregular: Irregular endorsement.

Ente sin fines de lucro: Non-profit entity.

Entidades financieras: Financial entities.

Entrepreneur: Entrepreneur.

Equivalentes al efectivo: Equivalent to the cash.

Escala del gravamen: Scale of the burden.

Escalper: Scalper.

Escrito: Writ.

Escritura: Deed.

Especulación: Speculation.

Especulación bursátil: Stock-exchange speculation.

Especulador: Speculator.

Especular: To speculate.

Especulativo: Speculative.

Espera: Grace period. Respite.

Establecimiento: Foundation. Premises.

Establecimientos de créditos: Credit establishments.

Establishment: Establishment.

Estadística: Statistic.

Estadístico: Statistician. Statiscal.

Estado: State. Statement.

Estado de caja: Cash statement.

Estado de cesación de pagos: Suspension of payments statement.

Estado de cuenta: Statement of an account.

Estado de cuenta bancaria: Statement of a bank account.

Estado de cuenta bursátil: Statement of a market account.

Estado de fluir de fondos: Cash flow statement.

Estado de ingreso: Income statement.

Estado de operación: Transaction statement.

Estado de operaciones: Profit and loss statement.

Estado de recursos y gastos: Resources and expenses statement.

Estado de resultados: Profit and loss statement.

Estado de resultados acumulados: Accumulated profit and loss statement.

Estado de situación patrimonial: Financial statement.

Estado de variaciones del capital corriente (o el de origen y aplicación de fondos) directo: Direct circulating capital variation statement (or that of the source and application on funds).

Estado de variaciones del capital corriente (o el de origen y aplicación de fondos) indirecto: Indirect circulating capital variation statement (or that of the source and application on funds).

Estado del banco: Bank account statement.

Estado demostrativo de ganancias y pérdidas: Profit and loss statement.

Estado económico: Financial statement.

Estado financiero: Financial statement.

Estado financiero anual: Annual financial statement.

Estado financiero certificado: Certified financial statement.

Estado financiero combinado: Combined financial statement.

Estado financiero de consolidación: Consolidated financial statement.

Estado financiero para fines especiales: Special purposes financial statements.

Estado financiero proyectado: Projected financial statements.

Estados consolidados: Consolidated statements.

Estados contables: Financial statements.

Estanflación: Stagflation.

Estar comprado: Long.

Estatificar: To nationalize.

Estatuto: Bylaws.

Estipendio: Salary.

Estructura financiera: Financial structure.

Euro: Euro.

Eurobonds: Eurobonds.

Eurobonos: Eurobonds.

Eurocredit: Eurocredit.

Eurocurrency: Eurocurrency.

Eurodivisa: Eurocurrency.

Eurodólar: Eurodollar.

Eurolandia: Euroland.

Euromercado: Euro market.

Evasión fiscal: Tax evasion.

Evasión tributaria: Tax evasion.

Ex cupón: Ex coupon.

Ex derechos: Ex rights.

Ex dividendo: Ex dividend.

Exacción: Levying. Extortion.

Excedente: Surplus.

Exención: Exemption.

Exento de impuesto: Exempt from tax.

Exigible: Requirable. Demanding.

Eximbank: Eximbank.

Existencia de caja: Cash and banks.

Expansión de crédito: Credit expansion.

Expansión monetaria: Monetary expansion.

Experto: Expert.

Exportación: Exportation.

Expropiación: Expropiation.

Extinción: Extinguishment.

Extracción: Withdrawal.

Extracto: Statement.

Extracto de cuenta: Statement of an account.

F

FAB: FAB.

Facilidades: Facilities.

FACPCE: Argentine Federation of Professional Associations of Economic Sciences.

Factor de actualización: Factor of adjustment.

Factor de acumulación: Accumulation factor.

Factor de capitalización: Capitalization factor.

Factor de recuperación del capital: Capital recovery factor.

Factor del valor actual: Present value factor.

Factoreado: Seller.

Factores de la producción: Factors of production.

Factoring: Factoring.

Factura: Invoice. Bill.

Factura conformada: Invoice approved by the payor. Duplicate invoice.

Factura consular: Consular invoice.

Factura de consignación: Consignment invoice.

Factura de crédito: Negotiable instrument.

Factura de despacho: Dispatch invoice.

Factura proforma: Proforma invoice.

Facturación: Invoicing. Sales volume. Invoicing department.

Facturar: To invoice. To check.

FAGCE: Argentine Federation of Graduates in Economic Sciences.

Falsificación: Forgery. Falsification. Counterfeit.

Falsificado: Counterfeit. Forged.

Falsificador: Counterfeiter. Forger.

Faltante: Shortage.

Faltante de caja: Cash shortage.

FAO: FAO.

FAS: FAS.

Fase: Phase. Stage.

Fatiga: Fatigue.

Fax: Fax.

FCI: Investment Common Fund.

Fe pública: Legal authority (of a public official to authenticate documents).

Fecha: Date.

Fecha cierta: Date for which there is sufficient evidentiary proof as to be effective as against third parties.

Fecha de adquisición: Acquisition date.

Fecha de cierre: Balance sheet date.

Fecha de corte: Cutoff date.

Fecha de emisión: Emission date.

Fecha de liquidación: Liquidation date.

Fecha de vencimiento: Maturity date. Expiration date.

Fecha determinada: Date for which there is sufficient evidentiary proof as to be effective as against third parties.

Fecha ut supra: Aforementioned date.

Fechar: To date.

Federación Argentina de Consejos Profesionales de Ciencias Económicas: Argentine Federation of Professional Associations of Economic Sciences.

Federación Argentina de Graduados en Ciencias Económicas: Argentina Federation of Graduates in Economic Sciences.

Federación Internacional de Contadores: International Federation of Accountants.

Federal funds: Federal funds.

Federal Reserve System: Federal Reserve System.

Feedback: Feedback.

FF: Invoice date.

Fía: Sale on credit.

Fiabilidad: Reliability.

Fiado: Trusting.

Fiador: Surety.

Fiados: Total receivables.

Fianza: Bond. Surety. Suretyship. Guaranty.

Fianza mercantil: Guaranty of commercial transactions.

Fiar: To sell on credit. To guarantee.

Ficha de remisión: Remittance slip.

Fideicomisario: Trustee.

Fideicomiso: Trust.

Fideicomiso financiero: Financial trust.

Fideicomiso ordinario público: Public ordinary trust.

Fideicomitente: Trustor. Settlor.

Fiducia: Fiducia.

Fiduciario: Trustee.

Fin de ejercicio: Year end.

Financiación: Financing.

Financiación de exportaciones: Financing of exports.

Financiamiento: Financing.

Financiamiento externo: External financing.

Financiamiento interno: Internal financing.

Financiamiento neto: Net financing.

Financiar: To finance.

Financiero: Financier. Financial.

Finanzas: Finance.

Finanzas privadas: Private finance.

Finanzas públicas: Public finance.

Finanzas y control: Finance and Direction.

Firma: Signature. Firm. Firm name.

Firma conjunta: Joint signature.

Firma en blanco: Blank signature.

Firmante: Signatory maker.

Firmar: To sign.

Firme: Firm.

Fiscal: District attorney. Treasury Secretary. Fiscal.

Fiscalización: Control. Supervision.

Fiscalizar: To control. To supervise.

Fisco: Public Treasury. Fiscal administration.

Floor: Floor.

Floors: Floors.

Flotante: Floating.

Fluctuar: To fluctuate.

Flujo Circular de los Ingresos: Circular Flow of Income.

Flujo de caja: Cash flow.

Flujo de caja en efectivo: Cash flow.

Flujo de costos: Cost flow.

Flujo financiero: Financial flow.

Flujos de efectivo: Cash flows.

FMI: IMF.

FOB: FOB.

FONAVI: National Home Fund (in Argentina).

Fondeo: Search of a vessel. Funding.

Fondo común cerrado de crédito: Securitization.

Fondo común de inversión: Mutual fund. Money market fund.

Fondo común de inversión abierto: Open-end investment company.

Fondo común de inversión cerrado: Closed-end investment company.

Fondo de acumulación: Cumulative fund.

Fondo de amortización: Sinking fund.

Fondo de caja: Cash fund.

Fondo de capital de trabajo: Working capital fund.

Fondo de comercio: Going concern.

Fondo de fideicomiso: Trust fund.

Fondo de maniobra: Working capital.

Fondo de previsión: Allowance fund (AmE). Provision fund (BrE).

Fondo de reserva. Reserve fund.

Fondo disponible: Available fund.

Fondo fijo: Fixed fund.

Fondo Monetario Internacional: IFM. International Monetary Fund.

Fondo Nacional para la Vivienda en la Argentina: Argentina's National Housing Fund.

Fondo revolvente: Revolving fund.

Fondos bloqueados: Frozen funds.

Fondos Comunes de Inversión: Investment Common Funds.

Fondos de reptiles: Funds of reptiles.

Fondos interbancarios: Call.

Fondos libres: Free funds.

Fondos líquidos: Liquid funds.

Fondos offshore: Offshore funds.

Fondos públicos: Public funds.

Fondos secretos: Secret public funds.

Fórmula: Formulas.

Fortuna: Fortune. Wealth.

Forward: Forward.

Forward contract: Forward contract.

Fraccionado: Fractional.

Fraction: Fraction.

Franchising: Franchising.

Franco vagón: Free on board.

Fraude fiscal: Tax fraud.

Fraudulentamente: Fraudulently.

FRB: FRB.

Free on board: Free on board.

Fuente: Source.

Fuentes de derecho tributario: Sources of tax law.

Fuentes de financiamiento: Financial resources.

Fuentes de financiamiento externo: External financial resources.

Fuentes de financiamiento propio:

Internal financial resources.
Fuera de bolsa: Outside market.
Fuga de capitales: Flight of capital.
Función de ahorro: Function of saving.
Función de inversión: Function of investment.
Función pública: Public function.
Fund: Fund.
Fusión: Merger.
Futuros: Futures.

G

Gabela: Tax. Burden.
Galón: Gallon.
Ganadería: Livestock. Cattle breeding.
Ganado: Livestock. Cattle. Earned.
Ganancia: Gain. Earnings. Profit.
Ganancia a corto plazo: Short-term profit.
Ganancia a largo plazo: Long term profit.
Ganancia bruta: Gross profit.
Ganancia bruta de ventas: Gross profit.
Ganancia capitalizada: Accumulated profit.
Ganancia cobrada: Profit collected. Earned profit.
Ganancia contingente: Contingent gain.
Ganancia eventual: Non-operating income.
Ganancia exenta: Exempt income.
Ganancia extraordinaria: Extraordinary gain.
Ganancia ficticia o inflada: Fictitious or inflated income.
Ganancia fiscal: Tax profit.
Ganancia gravada: Tax profit.
Ganancia impositiva: Tax profit.
Ganancia legítima: Legitimate profit.
Ganancia líquida: Net profit.

Ganancia nominal: Nominal income.
Ganancia o pérdida: Profit or loss.
Ganancia operativa: Operating profit.
Ganancia realizada: Realized profit.
Ganancias: Profit.
Ganancias reservadas: Retained earnings.
Ganancias y pérdidas: Profit and loss.
Ganar: To earn. To gain.
Gap: Gap.
Garantía: Guaranty. Guarantee.
Garantía bancaria: Bank guarantee.
Garantía comprada: Purchased security.
Garantía corriente: Current security.
Garantía de depósitos: Deposit guaranty.
Garantía de licitaciones: Bid guaranty.
Garantía especial: Special warranty.
Garantía flotante: Floating security interest.
Garantía hipotecaria: Mortgage. Mortgage security.
Garantía monetaria: Monetary guaranty.
Garantía no corriente: Non-current security.
Garantía personal: Personal guaranty. Surety.
Garantía prendaria: Pledgel. Chattel mortgage.
Garantía real: Security.
Garantizado: Guarantee.
Garantizar: To guarantee. To guaranty.
Garantizar con colateral: To collateralize.
Gastar: To pay (money) for someone else.
Gasto: Expense. Expenditure.
Gasto ajeno a la operación: Non-operating expense.
Gasto corriente: Current expenses.
Gasto del déficit: Deficit expediture.
Gasto público: Public spending.
Gasto social: Social spending.
Gastos aduaneros: Customs expenses.

Gastos bancarios: Bank charges.

Gastos de administración: Administration expenses.

Gastos de gestión: Operating expenses.

Gastos de protesto: Protest charges.

Gastos de transferencia: Transfer charges.

Gastos deducibles: Deductible expenses.

Gastos extraordinarios: Extraordinary expenses. Non-recurring expenses.

Gastos fijos: Fixed expenses.

Gastos financieros: Financial expenses.

Gastos fiscales: Tax expenditure.

Gastos no deducibles: Non-deductible expenses.

Gastos públicos corrientes: Current public spending.

Gastos públicos de consumo: Public consumption spending.

Gastos públicos de inversión: Public investment spending.

Gastos públicos de transferencias unilaterales: Expenses public of unilateral transferences.

Gastos públicos reales: Actual public spending.

Gastos semifijos: Semi-fixed costs.

Gastos variables: Variable costs.

GATT: GATT.

General Agreement on Tariff and Trade: General Agreement on Tariff and Trade.

Gerencia: Management.

Gerencia financiera: Financial management.

Girado: Drawee.

Girador: Drawer.

Girar: To draw. To remit. To trade.

Giro: Draft. Bill.

Giro a la vista: Sight draft.

Giro a plazo o a término: Time draft.

Giro bancario: Bank draft.

Giro cablegráfico: Cable transfer.

Giro en descubierto: Overdraft.

Giro en negocio: Line of business.

Giro postal: Giro. Money order.

Giros por télex: Telegraphic transfer.

Globalización: Globalization.

Goteo: Drip.

Gráfica de flujo: Flow chart.

Gráfica de Gantt: Gantt graph.

Gráfica de la utilidad: Profit chart.

Gratuito: Gratuitous.

Gravado: Taxed.

Gravamen: Tax. Levy. Lien.

Gravar: To burden.

Grossing-up: Grossing-up.

Gruesa: Gross.

Grupo Andino: Andean Group.

Grupo CAIRNS: CAIRNS group.

Grupo Contadora: Contadora Group.

Grupo de bancos: Group of banks.

Grupo de empresas: Group of companies.

Grupo de interés económico: Economic interest group.

Grupo de los Diez: Group of Ten.

Grupo de los Quince: Group of Fifteen.

Grupo de los Siete: Group of Seven.

Grupo de los Tres: Group of Three.

Grupo de Río: Rio group.

Grupo de Visegrado: Visegrad group.

Grupo económico: Economic group.

Grupo socioeconómico: Socio-economic group.

Grupo Urupa Bol: Urupa Bol Group.

Guantes: Gloves.

H

Haber: Assets. Property. Credit.

Haber social: Corporate capital.

Habilitación: Qualification. Authorization.

Habilitada: Qualified.

Hacendado: Landed. Cattle rancher.

Hacendista: Economist. Public Finance expert.

Hacienda: Treasury. Finance. Livestock. Enterprise.

Hacienda autónoma: Individual proprietorship.

Hacienda capitalizada: Capitalized livestock.

Hacienda de consumo: Consumption livestock.

Hacienda de producción: Production livestock.

Hacienda privada: Private enterprise.

Hacienda pública: State enterprise. Public finance.

Hacienda semipública: Quasi-public corporation.

Hecho imponible: Taxable purpose.

Hedger: Hedger.

Hedging: Hedging.

Hipoteca: Mortgage.

Hipoteca revertida: Reverse mortgage.

Hipotecar: To mortgage.

Hipotecario: Mortgage. Pertaining to a mortgage.

Hipótesis Modigliani - Miller: Modigliani - Miller Hypothesis.

Holding: Holding.

Hológrafo: Holograph.

Hombre económico: Economic man.

Homo oeconomicus: Economic man.

Horario bursátil: Stock-exchange schedule.

Hot money: Hot money.

Hoy: Today.

Huida de capitales: Capital flight.

I

IAS: International Accounting Standards.

IASC: International Accounting Standards Commitee.

IBOR: IBOR.

IFAC: International Federation of Accountants.

IGJ: Inspección General de Justicia (Office of the Inspection Board of Legal Entities in Argentina).

Ilegal: Illegal.

Ilegalidad: Illegality.

Ilícito: Illicit.

Iliquidez: Illiquidity.

Ilusión monetaria: Money illusion.

IMF: International Monetary Fund.

Impacto de imposición: Impact of imposition.

Impagable: Unpayable.

Impago: Unpaid.

Imponible: Taxable.

Importación: Importation. Import.

Importaciones invisibles: Invisible imports.

Importaciones visibles: Visible imports.

Importador: Importer.

Importar: To import.

Importe: Amount. Price.

Importe nominal: Nominal price.

Imposición: Tax. Deposit. Imposition.

Imposición adelantada: Advance taxation.

Imposición vencida: Taxation due.

Imprescriptible: Imprescriptible.

Imprevisión: Lack of provision.

Improcedencia: Inopportuneness. Irrelevancy.

Impuesto: Tax.

Impuesto a la herencia: Inheritance tax.

Impuesto a la renta: Income tax.

Impuesto a la renta normal potencial a la tierra: Tax on potential standard rent of the land.

Impuesto a las actividades lucrativas: Tax on profitable activities.

Impuesto a las ganancias: Income tax.

Impuesto a las ganancias eventuales: Extraordinary gain tax.

Impuesto a los beneficios eventuales: Extraordinary gain tax.

Impuesto a los bienes personales: Personal property tax.

Impuesto a los ingresos brutos: Gross income tax.

Impuesto a los premios de determinados juegos y concursos: Prizes and award tax.

Impuesto a los réditos: Income Tax.

Impuesto a los sellos: Stamp tax.

Impuesto adicional: Supplementary tax.

Impuesto aduanero: Customs duty.

Impuesto al ausentismo: Absenteeism tax.

Impuesto al capital: Capital tax.

Impuesto al consumo: Consumption tax.

Impuesto al ejercicio de actividades con fines de lucro: Tax on profitable activities.

Impuesto al enriquecimiento patrimonial al título gratuito: Tax on gratuitous wealth enrichment.

Impuesto al patrimonio: Wealth tax.

Impuesto al Valor Agregado: Value Added Tax.

Impuesto de capitación: Captation tax.

Impuesto de sellos: Stamp tax.

Impuesto determinado: Determinated tax.

Impuesto diferido: Deferred tax.

Impuesto directo: Direct tax.

Impuesto específico: Specific tax.

Impuesto extraordinario: Extraordinary tax.

Impuesto fijo: Flat tax.

Impuesto indirecto: Indirect tax.

Impuesto indirecto externo: External indirect tax.

Impuesto indirecto interno: Domestic indirect tax.

Impuesto inflacionario: Inflationary tax.

Impuesto inmobiliario: Real estate tax.

Impuesto interno: Domestic tax.

Impuesto mínimo: Minimun tax.

Impuesto monofásico: Single-phase tax.

Impuesto neto adeudado: Unpaid net tax.

Impuesto ordinario: Common tax.

Impuesto per cápita: Head tax.

Impuesto personal: Personal tax.

Impuesto por cédula: Income tax.

Impuesto progresivo: Progressive tax.

Impuesto proporcional: Proportional tax.

Impuesto real: Real tax.

Impuesto regresivo: Regressive tax.

Impuesto sobre bienes: Property tax.

Impuesto sobre dividendos: Dividend tax.

Impuesto sobre el patrimonio: Wealth tax.

Impuesto sobre herencias: Inheritance tax.

Impuesto sobre la propiedad: Property tax.

Impuesto sobre la renta: Income tax.

Impuesto sobre la transferencia de títulos - valores: Securities transfer tax.

Impuesto sobre las transacciones: Transaction tax.

Impuesto sobre las ventas: Sales tax.

Impuesto sobre los activos: Tax on assets.

Impuesto sobre sociedades: Corporation tax.

Impuesto sobre utilidades: Profit tax.

Impuesto sobre utilidades excedentes: Excess profit tax.

Impuesto sucesorio: Inheritance tax.

Impuestos a cargo de los vendedores: Seller tax.

Impuestos a cargo del comprador: Buyer tax.

Impuestos de migración: Taxes of migration.

Impuestos internos: Internal taxes.

Impuestos municipales: Municipal taxes.

Impuestos nacionales: National taxes.

Impuestos provinciales: Provincial taxes.

Inalienable: Inalienable.

Incidencia del impuesto: Tax incidence.

Incidencia fiscal: Fiscal incidence.

Incierto: Uncertain.

Inciso: Subsection.

Incobrable: Uncollectible.

INCOTERMS: INCOTERMS.

Incremento: Increase.

Incumplimiento: Breach. Default.

Indexación: Indexation.

Indicadores económicos: Economic indicators.

Índice: Index.

Índice Bovespa: Bovespa Index (San Pablo, Brazil).

Índice bursátil: Market index.

Índice de ajuste: Adjustment index.

Índice de antigüedad media de los inventarios: Average age of inventory ratio.

Índice de autonomía financiera: Financial capacity ratio.

Índice de capitalización bursátil: Index of stock-exchange capitalization.

Índice de cobertura o punto de equilibrio: Coverage or break-even point ratio.

Índice de costo de vida: Cost of living index.

Índice de cotización valor - libros: Index of quotation value books.

Índice de cuentas a cobrar sobre mercaderías: Accounts receivable ratio for goods.

Índice de Dupont: Dupont index.

Índice de endeudamiento a corto plazo: Short-term debt ratio.

Índice de endeudamiento en moneda extranjera: Foreign currency debt ratio.

Índice de endeudamiento total: Total debt ratio.

Índice de financiación de los activos inmovilizados: Financing capital assets index.

Índice de inmovilización de créditos sobre el activo total: Frozen credit index for total assets.

Índice de inmovilización del activo fijo sobre el activo total: Frozen fixed assets index for total assets.

Índice de inmovilización del activo fijo sobre el patrimonio neto: Frozen assets index for net worth.

Índice de inventario sobre capital corriente: Inventory index for circulating capital.

Índice de Lerner: Lerner index.

Índice de liquidez a largo plazo: Long-term liquidity ratio.

Índice de liquidez ácida o seca: Acid test ratio.

Índice de liquidez total: Total liquidity ratio.

Índice de pagos diferidos: Deferred payment index.

Índice de plazo medio de cobranza por las ventas: Collection ratio.

Índice de plazo medio de pago de las deudas: Ratio of average term payment of the debts.

Índice de porcentaje de cobranza: Collection percentage ratio.

Índice de precios: Price index.

Índice de rentabilidad bruta en relación a ventas: Gross profitability ratio related to sales.

Índice de rentabilidad de la inversión permanente: Profitability ratio of the permanent investment.

Índice de rentabilidad de la inversión total: Profitability ratio on the total investment.

Índice de rentabilidad del patrimonio neto o capital propio: Net worth profitability ratio.

Índice de rotación de créditos por ventas: Debtors turnover ratio.

Índice de rotación de cuentas a pagar: Accounts payable turnover ratio.

Índice de rotación de deudores por ventas: Debtors turnover ratio.

Índice de rotación de los inventarios: Inventory turnover ratio.

Índice de rotación del inventario sobre capital corriente: Inventory turnover ratio for current capital.

Índice de Sen: Sen index.

Índice de tendencia de la rentabilidad: Trend-profitability ratio.

Índice de utilidad bruta sobre costo de ventas: Gross profit ratio for costs on sales.

Índice de utilidad bruta sobre ventas: Gross profit ratio for sales.

Índice de utilidad neta sobre costo de ventas: Ordinary net profit ratio for costs of sales.

Índice de utilidad neta sobre los ingresos ordinarios: Net profit ratio for ordinary income.

Índice de utilidad neta sobre patrimonio neto: Net profit ratio for net worth.

Índice de utilidad neta sobre ventas: Net profit ratio for sales.

Índice de utilidades por acción: Index of utilities by action.

Índice de ventas en cuenta corriente sobre cuentas a cobrar: Sales index on current account for accounts receivable.

Índice Dow Jones: Dow Jones index.

Índice Enlace: Index "Enlace" in Mexico gives a vision on the conditions of fixed income market and expenses and a clear interest rate trend.

Índice estándar: Standard index.

Índice general de la bolsa de comercio: Stock market general index.

Índice Hang Seng: Hang Seng index.

Índice Kospi: Kospi index.

Índice Merval: Merval index (in Argentina).

Índice Nikkei: Nikkei index.

Índice ponderado: Weighed index.

Índices: Indexes.

Índices de análisis contable: Financial statement indexes.

Índices de gastos: Expenses indexes.

Índices de precios al por menor: Retail price index.

Indizar: To index.

Indol: In Argentine, index of dollar to future.

Industria: Industry.

Industria clave: Key industry.

Industria extractiva: Extractive industry.

Industrial: Industrial.

Industrialismo: Industrialism.

Industrialización: Industrialización.

Industrias jóvenes: Infant industries.

Inferencia estadística: Statistical inference.

Inflación: Inflation.

Influencia significativa: Significant influence.

Información contable: Financial statements information.

Información financiera: Financial information.

Informática: Data processing.

Informe financiero: Financial report.

Infraestructura: Substructure. Infraestructure.

Ingreso: Income.

Ingreso del negocio: Business income.

Ingreso devengado: Accrued income.

Ingreso disponible: Disposable income.

Ingreso nacional: National income.

Ingresos no tributarios: Nontributary income.

Ingresos públicos: Public revenue.

Ingresos tributarios: Tributary income.

Inmuebles: Real property.

Innovación financiera: Financial innovation.

Insider: Insider.

Insolvencia: Insolvency.

Insolvente: Insolvent.

Inspección General de Justicia: Inspección General de Justicia (Inspection Board of Legal Entities).

Institución financiera: Financial institution.

Institución no lucrativa: Non-profit enterprise.

Instrumento: Document.

Instrumento compuesto: Compound instrument.

Instrumentos derivados: Derivative instruments.

Instrumentos derivativos: Derivative instruments.

Instrumentos financieros: Financial documents.

Instrumentos financieros compuestos: Compound financial documents.

Instrumentos financieros primarios: Primary financial instruments.

Instrumentos privados: Private documents.

Instrumentos públicos: Public documents.

Integración: Integration. Merger.

Integración de acciones: Integration in stock.

Integración dineraria: Integration in money.

Integración en especie: Integration in kind.

Interés: Interest.

Interés a devengar: Accruing interest.

Interés adelantado: Interest in advance.

Interés anual: Annual interest.

Interés bancario: Banking interest.

Interés bruto: Gross interest.

Interés capitalizado: Capitalizated interest.

Interés compuesto: Compound interest.

Interés corriente: Interest rate.

Interés del capital: Capital interest.

Interés devengado: Accrued interest.

Interés explícito: Explicit interest.

Interés fijo: Fixed interest.

Interés hipotecario: Mortgage interest.

Interés implícito: Implicit interest.

Interés imputable: Imputable interest.

Interés neto: Net interest.

Interés no devengado: Non-accrued interest.

Interés ordinario: Ordinary interest.

Interés por mora: Interest for delinquency. Interest in arrears.

Interés punitorio: Punitive interest.

Interés puro: Net interest.

Interés real: Net interest.

Interés resarcitorio: Compensation interest.

Interés simple: Simple interest.

Interés sobre capital propio: Net worth interest.

Intereses: Interest.

Intereses a vencer: Interest to mature.

Intereses acreedores: Credit interest.

Intereses acreedores a devengar: Accrual credit interest.

Intereses acumulados: Accumulated interest.

Intereses anticipados: Prepaid interest.

Intereses diferenciales: Differential interest.

Intereses ganados: Earned interest.

Intereses hipotecarios: Interest for mortgage.

Intereses legales: Legal interest.

Intereses pagados: Paid interest.

Intereses recíprocc s: Reciprocal interest.

Intereses vencidos: Matured interest.

Intermediario financiero: Financial intermediary.

Intermediarios financieros: Financial intermediaries.

International Commerce Terms: International Commerce Terms.

International Monetary Fund: International Monetary Fund.

Intransferible: Intransferrable.

Inventario: Inventory.

Inversión: Investment.

Inversión de capital: Capital investment.

Inversión directa: Direct investment.

Inversión ex - ante: Ex ante investment.
Inversión ex - post: Ex post investment.
Inversión extranjera: Foreign investment.
Inversión fija: Fixed investment.
Inversión financiera: Financial investment.
Inversión indirecta: Indirect investment.
Inversión inducida: Induced investment.
Inversión neta: Net investment.
Inversión privada: Private investment.
Inversión prudente: Prudent investment.
Inversión pública· Government investment.
Inversiones circulantes: Working investments.
Inversiones de capital: Capital investments.
Inversiones de expansión: Extensive investments.
Inversiones de innovación: Innovation investments.
Inversiones de renovación: Renewal investments.
Inversiones directas: Direct investments.
Inversiones en valores: Investment in securities.
Inversiones estratégicas: Strategic investments.
Inversiones indirectas: Indirect investments.
Inversiones no corrientes en títulos de deuda: Non-current investments in debt securities.
Inversiones permanentes: Permanent investments.
Inversiones temporales: Temporary investments.
Inversiones temporarias: Temporary investments.
Inversiones transitorias: Temporary investments.
Inversor: Investor.

Inversores: Investors.
Ir a corto: To go to short.
IVA: Value Added Tax.
IVA Crédito Fiscal: Value Added Tax - Fiscal credit.
IVA Débito Fiscal: Value Added Tax - Fiscal debit.

J

Jerga: Jargon.
Jinetear: To speculate with.
Jineteo: Breaking in. Overlap.
Jobber: Jobber.
Joint venture: Joint venture.
Jugar a la baja: To bear the market.
Jugar al alza: To bull the market.
Juicio a la quiebra: Bankruptcy Lawsuit.
Juicio universal: Proceeding in which all the estate of a person is under the court´s scrutiny (pertaining to bankrupt´s estate of inheritance).
Junta de acreedores: Meeting of creditors.
Justificante: Voucher. Documentary proof.
Justo título: Legitimate tittle (to property).

K

Kaffirs: Kaffirs.
Kili: Kilo.
Kilo: Kilo.

L

LAB: FOB.
Lámina: Body. Sheet. Plate.
Lana: Wool. Money (in Mexico).

Lanzador: Option writer.

Largo plazo: Long term.

Lavado de cupón: Coupon laundering.

Lavar dinero: To launder money.

Leasing: Leasing.

Leasing financiero: Financial lease.

Leasing inmobiliario: Real property leasing.

Leasing operativo: Operating lease.

Legal: Legal. True.

Legalización: Authentication. Attestation.

Legalizar: To legalize. To attest.

Lending limit: Lending limit.

Letra de cambio: Bill of exchange.

Letra de cambio - aceptación: Bill of exchange acceptance.

Letra de cambio - del aval: Bill of exchange guaranty.

Letra de cambio - del pago: Bill of exchange payment.

Letra de plaza: Inland bill of exchange.

Letra de tesorería: Treasury bill. T-bill.

Letra fiduciaria: Trust certificate.

Letras dolarizadas: Bills in dollars.

Letras hipotecarias: Mortgage bonds.

Letras sin protesto: Bills without protest.

Leverage: Leverage.

Ley de los grandes números: Law of the great numbers.

Ley monetaria: Monetary law.

Leyes de actualización: Adjustments laws.

Leyes de capitalización: Capitalization laws.

Liabilities: Liabilities.

LIBID: London Interbank Bid Rate.

LIBOR: LIBOR.

Libra: Pound.

Librado: Drawee.

Librador: Drawer.

Libramiento mercantil: Order of payment.

Libranza: Order of payment.

Librar: To draw.

Libre a bordo: Free on board.

Libro de bancos: Bank book.

Libro de caja: Cash book.

Libro de cheques: Check register.

Libro de documentos: Instrument books.

Libro de registro de acciones: Stock register.

Libro de registro de debentures: Debenture register.

Libro de vencimiento: Maturity register.

Libro diario: Journal. Daybook.

Libro inventario y balances: Inventory and balance sheet.

Licitar: To bid.

Liga: League. Alliance.

Línea de crédito: Credit line.

Línea de pobreza: Line of poverty.

Lingote: Bullion. Ingot.

Liquidable: Able to be liquidated. Realizable.

Liquidación: Liquidation. Clearance sale. Assessment. Settement. Close out.

Liquidación bancaria: Banking abstract of account.

Liquidación neta: Net liquidation.

Liquidar: To settle. To liquidate. To clear out stock.

Liquidar una deuda: To liquidate a debt.

Liquidez: Liquidity.

Liquidez - índices: Liquidity ratios.

Liquidez primaria: Primary liquidity.

Liquidez secundaria: Secondary liquidity.

Líquido: Liquid.

Líquido imponible: Rateable value.

Lista de cotizaciones: Quotations list.

Lista de pagarés: Promissory notes list.

Lobby: Lobby.

Locación: Lease.

Locación de cosas muebles: Lease of

personal properly.

Locación de inmuebles: Lease of real properly.

Locación de obras: Agreement for the supply of works.

Locación de servicios: Employment. Hiring out of services.

Locación financiera: Lease of securities.

Locador: Lessor.

Locatario: Lessee.

London Interbank Offered Rates: London Interbank Offered Rates.

London Interbanking Bidrate: London Interbanking Bidrate.

Lote de acciones: Lot of actions.

Lucrativo: Profitable.

Lucro: Profit. Gain.

Lucro cesante: Loss of profit. Lost profits.

Lucrum: Profit.

Lugar: Place.

Lugar de pago: Place of payment.

Lugar y fecha: Place and date.

Lugar y fecha de emisión: Place and date of issue.

Lunes negro: Black Monday.

Lustro: Period of 5 years.

M

M3: M3.

Macroeconomía: Macro-economics.

Magnate: Magnate. Tycoon.

Management: Managment.

Mancomunidad: Join liability. Community.

Mandamiento de pago: Money order.

Manifiesto: Manifiesto.

Manipulación de una acción: Stock manipulation.

Maple leaf: Maple leaf.

Máquina de calcular: Calculator.

Maravedí: Maravedí (ancient Spanish coin).

Marcha: Activity or development of a business or company.

Margen bruto: Gross margin.

Margen de beneficio neto: Net profit margin.

Margen de seguridad: Margin of safety.

Margen financiero: Financial margin.

Margin: Margin. Spread.

Martes negro: Black Tuesday.

Masa monetaria: Money supply.

Masa monetaria: Money suppy.

Matemática financiera: Financial mathematics.

Matemáticamente: Mathematically.

Matemáticas: Mathematics.

Matemático: Mathematical. Mathematician.

Mayoría: Majority.

MCAC: Central American Common Market.

Mecanismo de liquidez: Liquidity mechanism.

Mediador: Mediator.

Medio de cambio: Means of exchange.

Medios de pago: Means of payment.

Mercadeo: Marketing.

Mercader: Merchant. Trader.

Mercadería: Goods. Merchandise.

Mercado: Market.

Mercado a futuro: Futures market.

Mercado a la baja: Bear market.

Mercado a plazo: Forward market.

Mercado a término: Futures market. Forward market.

Mercado abierto: Open market.

Mercado accionario: Shares market.

Mercado al alza: Bull market.

Mercado autónomo: Autonomous market.

Mercado bursátil: Stock market.

Mercado cambiario: Exchange market. Foreign exchange market.

Mercado cambiario a término: Forward Exchange market.

Mercado cambiario contado: Spot exchange market.

Mercado cambiario futuro: Futures exchange market.

Mercado cambiario spot: Spot exchange market.

Mercado comprador: Buyer´s market.

Mercado común: Common market.

Mercado Común Centroamericano: Central American Common Market.

Mercado Común de América Central: Central American Common Market.

Mercado Común de Centroamérica: Central American Common Market.

Mercado Común Europeo: European Common Market.

Mercado de cambio: Foreign exchange market.

Mercado de capital: Capital market.

Mercado de derivados: Market of derivatives.

Mercado de dinero: Money market.

Mercado de eurodólares: Eurodollar market.

Mercado de futuros: Futures market.

Mercado de opciones: Options market.

Mercado de valores: Stock market. Securities market.

Mercado del Oso: Bear market.

Mercado del Toro: Bull market.

Mercado especulativo: Speculative market.

Mercado extrabursátil: Over-the-counter market. Open market.

Mercado extranjero: Overseas market.

Mercado financiero: Finance market.

Mercado financiero: Financial market.

Mercado financiero directo: Direct financial market.

Mercado financiero institucionalizado: Financial market operating according to monetary authority´s regulations.

Mercado financiero no institucionalizado: Financial market not operating according to monetary authority´s regulations.

Mercado ilegal: Black market.

Mercado inmobiliario: Real estate market.

Mercado interbancario: Interbank market.

Mercado interempresario: Inter-company market.

Mercado interno: Internal market.

Mercado invertido: Inverted market.

Mercado libre de cambios: Open market.

Mercado marginal: Black market.

Mercado mayorista de cambio: Wholesale exchange market.

Mercado minorista de cambio: Retail exchange market.

Mercado monetario: Money market.

Mercado nacional: National market.

Mercado oficial de cambios: Official market.

Mercado paralelo: Black market.

Mercado potencial: Potential market.

Mercado primario: Market for new issues.

Mercado regulado: Regulated market.

Mercado secundario: Secondary market. Over-the-counter market.

Mercado secundario formal: Formal secondary market.

Mercado spot: Spot market.

Mercado tipo bear: Bear market.

Mercado tipo bull: Bull market.

Mercado vendedor: Seller´s market.

Mercados emergentes: Emerging markets.

Mercados organizados: Organized markets.

Mercancía: Goods. Merchandise. Commodity.

Mercantil: Mercantile.

Merchandía: Goods.

Merchandising: Merchandising.

Merchante: Merchant. Door-to-door salesman.

MERCOSUR: Southern Common Market.

Mes: Month.

Mesa de dinero: Institution operating not according to the Central Bank regulations.

Metalismo: Metallism.

Método de caja: Cash method.

Método del interés compuesto: Compound interest method.

Método del interés simple: Simple interest method.

Método equity: Equity method.

Microeconomía: Microeconomics.

Millardo: Billion.

Mínimo exento: Tax-exempt-minimun.

Mínimo no imponible: Non-taxable minimun. Non-assessable minimun.

Minoría: Minority.

Minusvalía: Decrease in value of a good or product.

Moneda: Currency. Coin. Money.

Moneda bancaria: Banking money.

Moneda constante: Constant currency.

Moneda corriente: Legal tender. Lawful money.

Moneda de curso legal: Legal currency. Legar tender.

Moneda de oro: Gold coin.

Moneda de papel: Paper money.

Moneda de reserva: Reserve currency.

Moneda de valor nominal: Nominal value coin.

Moneda débil: Soft currency.

Moneda efectiva: Legal currency.

Moneda falsa: Counterfeit money.

Moneda fiduciaria: Fiat money. Fiduciary issue.

Moneda fuerte: Hard currency.

Moneda giral: Giral money. Giral Currency.

Moneda homogénea: Constant currency.

Moneda legal: Legal tender. Lawful money.

Moneda legítima: Legal tender. Legal currency.

Moneda metálica: Coin.

Moneda nacional: Local currency. Legal currency.

Moneda sobrevaluada: Over-valued currency.

Moneda subvaluada: Under-valued currency.

Monedero electrónico: Electronic wallet.

Monetización de la economía: Monetization of the economy.

Money market: Money market.

Money market funds: Money market funds.

Monofásico: Single-phase.

Monometalismo: Monometallism.

Monopolio: Monopoly.

Monopolio bilateral: Bilateral monopoly.

Monopolio natural: Natural monopoly.

Monopsonio: Monopsony.

Monotributo: Unitax. Unified Tax.

Monto: Amount.

Monto a interés compuesto: Compound interest amount.

Monto a interés simple: Simple interest amount.

Monto mínimo: Minimum amount.

Mora: Delinquency. Default.

Moratoria: Moratorium.

Morosidad de suscriptores de acciones: Stock subscribers in arrears.

Moroso: Delinquent debtor. Defaulter.

Movimientos: Movements.

Muestra: Sampler. Pattern. Sign.

Muestra aleatoria: Random sampler.

Muestra de probabilidad: Probability sample.

Muestra representativa: Representative sample.

Muestreo: Sampling.

Muestreo estadístico: Statistical sampling.

Multa: Fine. Penalty.

Multiplicador: Multiplier.

Multiplicador de la inversión: Investment multiplier.

N

Nacionalidad: Nationality.

Nacionalización: Nationalization.

Nacionalización de los depósitos bancarios: Bank deposits nationalization.

NAFTA: NAFTA.

National Association of Accountants: National Association of Accountants.

Nativo: Native.

NATO: NATO.

NC: Accounting Principles.

NCCA: Nomenclature of the Customs Cooperation Council.

NCL: Legal accounting principles.

NCP: Professional Accounting Principles.

Necesidad pública: Public necessity.

Necesidades públicas primarias: Primary public necessities.

Necesidades públicas secundarias: Secondary public necessities.

Negociable: Negotiable. Marketable.

Negociación mercantil: Business transaction. Commercial negociation.

Negociado: Illicit transaction. Shop.

Negocio: Business. Transaction. Work. Shop. Deal.

Negocio abierto: Open transaction.

Negocio de préstamos: Loan business.

Negocio jurídico financiero: Legal financial business.

Negocios: Business. Transactions.

Neocolonialismo: Neocolonialism.

Neto: Net.

Neto patrimonial: Net worth.

New deal: New deal.

NIC: IAS (International Accounting Standards).

Nivel de actividad económica: Level of economic activity.

Nivel de precios: Price level.

Nivel de vida: Standard of living.

No a la orden: Not-to-order.

No graduado: Non-graduated.

No gravado: Non-assessable.

No imponible: Non-taxable.

No negociable: Non-negotiable.

No realizado: Unrealized.

No residentes: Non resident.

Nombre: Name.

Nombre comercial: Trade name. Business name.

Nombre social: Corporate name.

Nomenclatura Arancelaria de Bruselas: Bruessels Tariff Nomenclature.

Nomenclatura del Consejo de Cooperación Aduanera: Nomenclature of the Customs Cooperation Council.

Nominatividad de acciones: Registration of stocks.

Nominativo: Registered.

Nominee: Nominee.

Non verse: Unpaid.

Normas contables legales: Legal accounting standards.

Normas contables profesionales: Generally accepted accounting principles.

Normas de auditoría: Auditing standards.

Normas Internacionales de Contabilidad: International Accounting Standards.

Nota de débito: Debit memorandum.

Nota de débito bancaria: Debit slip.

Notificación: Notice.

Notificar: To notify.

Novación: Novation.

Nuevo orden económico: New economic order.

Nuevo orden económico internacional: New international economic order.

Numeración: Numbering. Numeration.

Numeración arábiga: Arabic numerals.

Numeración de cuenta: Codification. Numbered account.

Numeración decimal: Decimal numeration.

Numeración romana: Roman numerals.

Numerar: To number.

Numerario: Cash. Currency. Member.

Numérico: Numerical.

Número: Number.

Número abstracto: Abstract number.

Número arábigo: Arabic numeral.

Número cardinal: Cardinal number.

Número concreto: Concrete number.

Número de cuenta: Account number.

Número entero: Integer. Whole number.

Número fraccionario: Fraction.

Número impar: Odd number.

Número índice: Index number.

Número mixto: Mixed number.

Número ordinal: Ordinal number.

Número par: Even number.

Número primo: Prime number.

Número romano: Roman numeral.

Número uno: Number one.

Números en rojo: In the red.

NYER: NYER.

NYSE: NYSE.

O

Objeto social: Corporate purpose. Partnership purpose.

Obligación: Obligation. Liability. Bond. Note. Debt.

Obligación a la vista: Demand note.

Obligación alternativa: Alternative obligation.

Obligación civil: Civil obligation.

Obligación con opción incrustada: Private contract or bond establishing the return of the same amount borrowed multiplied by a determined index.

Obligación condicional: Conditional obligation.

Obligación conjunta: Joint obligation.

Obligación contingente: Contingent liability.

Obligación convertible: Convertible bond. Convertible debt.

Obligación de dar: Obligation to deliver.

Obligación de hacer: Duty to act. Obligation to do something.

Obligación de no hacer: Duty not to act. Obligation not to do something.

Obligación divisible: Divisible obligation.

Obligación facultativa: Obligation which allows the obligor to substitute another action for the required performance.

Obligación hipotecaria: Obligation secured by mortgage.

Obligación indivisible: Indivisible obligation.

Obligación mancomunada: Joint obligation.

Obligación mancomunada solidaria: Joint and several obligation.

Obligación natural: Moral obligation.

Obligación negociable: Corporate bond.

Obligación negociable canjeable: Exchangeable corporate bond.

Obligación negociable convertible: Convertible corporate bond.

Obligación negociable escritural: Registered corporate bond.

Obligación negociable rescatable: Redeemable corporate bond.

Obligación no amortizable: Irredeemable bond.

Obligación nominativa: Registered bond.

Obligación personal: Personal obligation.

Obligación principal y accesoria: Principal and accessory obligation.

Obligación pura y simple: Pure and simple obligation.

Obligación sin garantía hipotecaria: Unsecured debt.

Obligación solidaria: Several obligation.

Obligación tributaria: Tax liability.

Obligaciones a pagar amortizadas: Redeemed bonds payable.

Obligaciones a plazo: Non-current liabilities.

Obligaciones accesorias: Accessory obligations.

Obligaciones al portador: Bearer bonds. Bearer notes.

Obligaciones hipotecarias: Mortgage obligations. Obligations secured by mortgages.

Obligaciones pendientes: Outstanding obligations.

Obligacionista: Bond holder. Note holder.

Obligado: Surety. Obligor.

Obligatorio: Compulsory. Mandatory. Obligatory. Bond holder.

Obsoleto: Obsolete.

OCDE: OECD.

Ocultamiento Del Activo: Concealment of assets.

OEA: OAS.

OECE: Organization for European Economic Cooperation.

Oferta monetaria: Money supply.

Oferta privada: Private offering.

Oferta pública: Public offering. Public bid.

Ofertar: To offer. To bid.

Oficina: Office.

Oficio: Occupation. Trade. Written communication. Official note.

Ofrecimiento: Offering. Offer.

Ofrecimiento público: Public offering.

OIT: ILO.

Oligopolio: Oligopoly.

Oligopsonio: Oligopsony.

OMC: WTO.

OMS: WHO.

Ondas: Waves.

Oneroso: Onerous.

Onza troy: Troy ounce.

Opción: Option.

Opción de compra: Call option.

Opción de venta: Put option.

Opción sistema americano: American option.

Opción sistema europeo: European option.

Operación a cubierto: Stock exchange transaction in which the parties obligations are covered.

Operación a futuro: Forward transaction.

Operación a plazo: Futures contract. Forward transaction.

Operación a término: Forward transaction.

Operación activa: Active operation.

Operación al contado: Cash transaction.

Operación bancaria: Banking operation.

Operación bursátil: Stock exchange transaction.

Operación comercial: Business transaction.

Operación de bolsa: Stock exchange transaction.

Operación de cobranzas: Collections.

Operación de compensación: In securities, the adjustment of the customers purchase and sale orders, among brokers, on the price fixed by the market during its operations.

Operación de contado inmediato: Immediate cash transactions.

Operación de descuento: Discount operation.

Operación de pagos: Payments operation.

Operación de pase: Swap.

Operación financiera: Financial transaction.

Operación financiera a término cierto: Forward financial transaction.

Operación financiera compleja: Complex financial transaction.

Operación financiera contingente: Contingent financial transaction.

Operación financ e a simple: Simple financial transaction.

Operación pasiva: Passive operation.

Operaciones a plazo: Forward transactions.

Operaciones cambiarias: Exchange transactions.

Operaciones de contado: Cash transactions.

Operaciones sospechosas: Suspicious operations.

Option: Option.

Option holder: Option holder.

Option writer: Option writer.

Orden conjunta: Joint order.

Orden de bolsa: Order.

Orden de compra: Purchase order.

Orden de pago: Money order.

Orden de prioridad: Priority order.

Orden indistinta: Several order.

Orden individual: Individual order. Individual account.

Orden permanente: Perpetual order.

Orden público: Public policy.

Orden recíproca: Several order.

Organigrama: Organization chart.

Organización: Organization.

Organización administrativa: Management organization.

Organización contable: Accounting organization.

Organización de Estados Americanos (OEA): Organization of American States.

Organización de Estados Centroamericanos (ODECA): Organization of Central American States.

Organización de la Unidad Africana (OUA): Organization of African Unity.

Organización de las Naciones Unidas: United Nations Organization.

Organización de las Naciones Unidas para la Agricultura y la Alimentación: Food and Agriculture Organization.

Organización de las Naciones Unidas para la Educación, la Ciencia y la Cultura: United Nations Educational, Scientific and Cultural Organization.

Organización de Países Exportadores de Petróleo (OPEP): Organization of Petroleum Exporting Countries.

Organización del Tratado del Atlántico Norte (OTAN): North Atlantic Treaty Organization.

Organización Europea de Cooperación Económica (OECE): Organization for European Economic Cooperation.

Organización formal: Formal organization.

Organización informal: Informal organization.

Organización Internacional del Trabajo: International Labor Organization.

Organización Mundial de la Salud: World Health Organization.

Organización Mundial del Comercio: World Trade Organization.

Organización para la Cooperación y el Desarrollo Económico (OCDE): Organization for Economic Cooperation and Development .

Organización sin fines de lucro: Non-profit organization.

Orígenes: Resources.

Originante: Creditor in a trust.

Oro: Gold. Wealth.

Oscilación: Fluctuation. Oscillation.

OTAN: NATO.

OUA: Organization of African Unity.

P

Pacto: Covenant. Agreement.

Pacto Andino: Andean Pact.

Pacto de disponibilidad: Pact of availability.

Pacto (o contrato) de asociación: Corporate agreement. Partnership agreement.

Paga: Payment. Salary.

Pagadero: Payable.

Pagado: Paid.

Pagador: Payer.

Pagador oficial: Disbursing officer. Official payer.

Pagar: To pay.

Pagar por anticipado: To pay in advance.

Pagaré: Promissory note.

Pagaré a la orden: Order note, promissory note written to the order of a specific person.

Pagaré cancelado: Canceled promissory note.

Pagaré en blanco: Blank promissory note.

Pagaré hipotecario: Mortgage note.

Pagaré prendario: Collateral note.

Pagaré protestado: Protest note.

Pago: Payment .

Pago a cuenta: Payment on account.

Pago a destajo: Payment at a piece rate.

Pago a plazo: Term payment.

Pago a plazo con interés: Term payment with interest.

Pago a plazo sin interés: Term payment without interest.

Pago adelantado: Advanced payment.

Pago anticipado: Advanced payment.

Pago anual: Annual payment.

Pago con beneficio de competencia: Right of a debtor to pay when he/she reasonably can afford to do so.

Pago con subrogación: Subrogation payment (made pursuant to subrogation of creditor's rights to third party making the payment).

Pago contado anticipado: Advanced payment in full.

Pago contado comercial: Advanced commercial payment.

Pago contado inmediato: Cash on delivery.

Pago en efectivo: Payment in cash.

Pago en especie: Payment in kind.

Pago ficticio: Fictitious payment.

Pago imputado: Imputed payment.

Pago inicial: Down payment.

Pago parcial: Partial payment.

Pago por compensación: Equalization payment.

Pago por consignación: Payment into court.

Pago por cuenta ajena: Third party payment.

Pago por un tercero: Third party payment.

Pago retroactivo: Retroactive payment.

Pago total: Full payment.

Pago único: Sole payment.

Pagos corrientes: Current payments.

Pagos no corrientes: Non-current payments.

Pagos periódicos: Periodic payments.

País: Country.

País de origen: Country of origin.

País de procedencia: Source country.

Palanca: Leverage.

Palanca - efecto: Leverage effect.

Palanqueo: Leverage.

Palet: Pallet.

Pánico bancario: Banking panic.

Papel moneda: Paper note.

Papeles comerciales: Commercial papers.

Papeles de comercio: Commercial papers.

Papeles de crédito: Commercial papers.

Papeles mercantiles: Commercial papers.

Paquete accionario: Equity. Shareholding.

Par: Par. Pair. Equal.

Paraíso fiscal: Tax heaven.

Paridad: Parity.

Paridad cambiaria: Par of exchange.

Paridad cambiaria libre: Free par of exchange.

Paridad cambiaria oficial: Official par of exchange.

Paridad de cambio: Par of exchange. Par rate of exchange.

Paridad del poder adquisitivo: Purchasing power parity.

Paridad efectiva: Effective parity.

Paridad real: Parity originated in the market.

Partes de fundador: Founder's shares.

Participación de accionistas minoritarios: Minority stockholders' interest.

Participación de accionistas no controlantes: Minority stockholders' interest.

Participación de capital: Equity participation.

Participación de terceros sobre el patrimonio de empresas controladas: Third parties' interest in controlled companies.

Participación en los beneficios: Profit sharing.

Participación mayoritaria: Majority interest.

Participación minoritaria: Minority interest.

Partidas monetarias: Monetary items.

Pasar al mayor: To make an entry in the ledger.

Pasar un asiento: To make an entry in the ledger.

Pase: Swap.

Pasivo: Liabilities.

Pasivo a corto plazo: Short-term liabilities.

Pasivo a largo plazo: Long-term liabilities.

Pasivo asumido: Assumed liabilities.

Pasivo bancario: Banking liabilities.

Pasivo certificado: Certified liabilities.

Pasivo circulante: Short-term liabilities.

Pasivo comercial: Trade liabilities.

Pasivo - composición del: Liabilities - structure of.

Pasivo común: Common liabilities.

Pasivo contingente: Contingent liabilities.

Pasivo corriente: Current liabilities. Short-term liabilities.

Pasivo declarado: Declared liabilities.

Pasivo devengado: Accrued liabilities.

Pasivo diferido: Realizable liabilities.

Pasivo directo: Direct liabilities.

Pasivo eventual: Contingent liabilities.

Pasivo exigible: Liabilities.

Pasivo exigible a corto plazo: Short-term liabilities.

Pasivo exigible a largo plazo: Long-term liabilities.

Pasivo fijo: Fixed liabilities.

Pasivo financiero: Financial liabilities.

Pasivo flotante: Circulating liabilities.

Pasivo garantizado: Secured liabilities.

Pasivo indirecto: Indirect liabilities.

Pasivo inmediato: Short-term liabilities.

Pasivo monetario: Monetary liabilities.

Pasivo no corriente: Long-term liabilities.

Pasivo no exigible: Non-payable liabilities at the end of an accounting period.

Pasivo no garantizado: Unsecured liabilities.

Pasivo permanente: Long-term liabilities.

Pasivo privilegiado: Secured liabilities.

Pasivo quirografario: Unsecured liabilities.

Pasivo vencido: Matured liabilities.

Patrimonio: Equity. Assets.

Patrimonio neto: Net worth. Stockholder's equity.

Patrimonio neto - composición del: Net worth – structure of.

Patrón oro: Gold standard.

Patrono: Employer.

Peculado: Embezzlement.

Peculio: Son's separate money. Private money.

Pecunia: Money.

Pecuniariamente: In cash.

Pecuniario: Pecuniary.

Pendiente de pago: Unsettled.

Penique: Penny.

Per cápita: Per capita.

Per diem: Per diem.

Percepción: Perception.

Percibir: To receive. To perceive.

Percusión: Tax economic effect.

Pérdida: Loss.

Pérdida de cambio: Exchange loss.

Pérdida del ejercicio: Loss corresponding to fiscal year.

Pérdida devengada: Accrued loss.

Pérdida neta: Net loss.

Pérdida por diferencia de cambio: Exchange loss.

Pérdidas acumuladas: Accumulated losses.

Pérdidas de cambio: Exchange losses.

Pérdidas extraordinarias: Extraordinary losses.

Pérdidas ordinarias: Ordinary losses.

Perdón de la deuda: Remission of the debt.

Perestroika: Perestroika.

Periodicidad: Regularity.

Periodificación: Periodification.

Período: Period. Recurring decimal.

Período de capitalización: Capitalization period.

Período de cobranza promedio: Average collection period.

Período de constitución: Period of incorporation.

Período de gracia: Grace period.

Período de pago promedio: Average payment period.

Período de prueba: Test labor period.

Período de recuperación de la inversión: Investment recovery period.

Período de sospecha: Suspicion period (pertaining to bankruptcy).

Período fiscal: Fiscal period.

Perito: Expert.

Perito contador: Expert accountant.

Permuta: Barter.

Persona de existencia visible: Individual.

Persona jurídica: Artificial person.

Persona moral: Artificial person.

Persona natural: Person.

Persona pobre: Poor person.

Personería jurídica: Legal capacity.

Peso: Peso. Burden. Weight.

Peso argentino: Argentine peso.

Peso ley 18.188: Peso Law 18.188.

Peso moneda nacional: National currency peso.

Peso muerto: Dead weight.

Peso neto: Net weight.

Petrodólares: Petro-dollars.

Pignoración: Pignoration.

Pignorar: To pignorate.

Plan de cuentas: Chart of accounts.

Planeamiento: Planning.

Planeamiento estratégico: Strategic planning.

Planeamiento operativo: Operational planning.

Planilla de cálculo: Spreadsheet.

Planilla de egresos: Expenditures report.

Planilla de ingresos: Daily collection report.

Plaza: Market. Post.

Plazas financieras offshore: Offshore funds. Tax havens.

Plazo: Term. Deadline. Period.

Plazo cierto: Fixed term.

Plazo corto: Short term.

Plazo de entrega: Delivery term.

Plazo de gracia: Grace period.

Plazo de preaviso: Notice.

Plazo de suscripción: Subscription period.

Plazo fijo: Fixed term.

Plazo incierto: Agreed term.

Plazo largo: Long term.

Plazos de pago: Time for payment.

Poder adquisitivo: Purchasing power.

Poder de ganancia: Earning power.

Poder tributario: Taxing power.

Política: Politics. Policy.

Política administrativa: Administrative policy.

Política económica: Economic policy.

Política financiera: Financial policy.

Política fiscal: Tax policy.

Política monetaria: Monetary policy.

Por ciento: Per cent.

Por mil: Thousandth.

Porcentaje: Percentage.

Porcentajes horizontales: Horizontal percentages.

Porcentajes verticales: Vertical percentages.

Portador: Bearer. Carrier.

Portafolio: Portfolio.

Portfolio: Portfolio.

Portfolio manager: Portfolio manager.

Posdatar: To postdate.

Posición: Position.

Posición acreedora: Creditor position.

Posición corta: Short position.

Posición financiera: Financial position.

Posición larga: Long position.

Posición límite: Position limit.

Posición neta: Net position.

Posición propia: Own position.

Posicionamiento: Market position.

Potestad tributaria: Taxing power.

Precancelación: Premature cancellation.

Precio: Price.

Precio a la par: Par value.

Precio al por mayor: Wholesale price.

Precio al por menor: Retail price.

Precio base de licitación: Bid basis price.

Precio de apertura: Opening price.

Precio de cierre: Closing price.

Precio de conversión: Conversion price.

Precio de frontera: Price of border.

Precio de paridad: Parity price.

Precio de rescate: Call price.

Precio de suscripción: Subscription price.

Precio monetario: Price expressed in money.

Precios implícitos: Implicit prices.

Precios relativos: Relative prices.

Precisión fiscal: Fiscal accuracy.

Prefinanciación de exportaciones: Prefinancing of exportations.

Prelación de créditos: Loans priority.

Premio: Bonus. Reward. Premium.

Premium: Premium.

Premium deal: Premium deal.

Prenda: Pledge.

Prendar: To pledge.

Prescribir: To extinguish.

Prescripción: Extinguishment.

Prescripción adquisitiva: Adverse possession.

Prescripción liberatoria: Statute of limitation.

Presentación: Presentation. Appearance.

Presión fiscal: Tax burden.

Presión tributaria: Tax burden.

Prestación: Service. Benefit.

Prestamista: Lender.

Préstamo: Loan.

Préstamo a la gruesa: Bottomry loan.

Préstamo bancario: Bank loan.

Préstamo de renovación automática: Revolving credit.

Préstamo en valores: Loan in securities.

Préstamo garantizado con títulos: Securities loan.

Prestar: To lend.

Prestatario: Borrower.

Presupuestar: To budget.

Presupuesto: Budget.

Presupuesto ascendente: Budget by areas of responsibility.

Presupuesto base cero: Zero-based budget.

Presupuesto continuo: Continuous budget.

Presupuesto corriente: Current budget.

Presupuesto de caja: Cash budget.

Presupuesto de compras: Procurement budget. Purchases budget.

Presupuesto de costos administrativos: Administrative costs budgets.

Presupuesto de inversión: Investment budget.

Presupuesto de ventas: Sales budget.

Presupuesto descendente: Budget by objectives.

Presupuesto económico: Projected financial statement.

Presupuesto en moneda constante: Constant currency budget.

Presupuesto en m ɔneda corriente: Current money budget.

Presupuesto en moneda extranjera: Foreign currency budget.

Presupuesto equilibrado: Balanced budget.

Presupuesto estatal: The Budget.

Presupuesto estático: Fixed budget.

Presupuesto financiero: Cash flow budget.

Presupuesto flexible: Flexible budget.

Presupuesto general: General budget.

Presupuesto operativo: Operating budget.

Previsión: Provision.

Previsión para deudores incobrables: Provision for bad debts.

Previsión para documentos incobrables: Provision for bad debts.

Previsión para la desvalorización de moneda extranjera: Provision for foreign currency devaluation.

Previsiones de pasivo: Liabilities provisions.

Previsiones de regularización del activo: Provisions for regulation of assets.

Previsiones impuras: Provisions included in the adjustment accounts.

Previsiones puras: Provisions included in the accounts payable.

Price: Price.

Price earning rate: Price earning rate.

Prima: Premium. Bonus. Reward.

Prima de colocación: Placement premium.

Prima de emisión: Stock issue premium.

Prima de reembolso: Call premium.

Prima de rescate: Call premium.

Prima de riesgo: Risk premium.

Prime rate: Prime rate.

Principal: Principal. Owner. Main.

Principio acelerador: Acceleration principle.

Principios de la Contabilidad Gerencial: Management Accounting Principle.

Principios de la imposición: Canon on taxation.

Principios generales del presupuesto estatal: General principle on state budget.

Principios tributarios de la constitución: Tax principles of the Constitution.

Principios y normas técnico–contables generalmente aceptados para la preparación de estados financieros: Generally accepted technical-accounting principles for the preparation of financial statements.

Privatizar: To privatize.

Pro forma: Pro forma.

Probabilidad: Probability.

Producto Bruto Interno per Cápita: Gross Domesic Product per Capita.

Producto Nacional Bruto: Gross National Product.

Producto neto: Net product.

Profesión: Profession.

Profesional: Professional .

Profesionalismo: Professionalism.

Programa de propiedad participada: Program of interest in a company.

Progresión aritmética: Arithmetic progression.

Progresión geométrica: Geometric progression.

Promissory notes: Promissory notes.

Propina: Gratuity.

Protesto: Protest. Notice of protest.

Proveedor: Supplier.

Provisión: Provision. Supply.

Punto básico: Basic point.

Punto de empate: Break-even point.

Punto de equilibrio: Break-even point.

Punto fijo: Fixed point.

Put: Put.

Put option: Put option.

Q

Quebrado: Bankrupt.

Quebranto: Loss. Damage.

Quebranto impositivo: Tax loss.

Quebrar: To breach. To go bankrupt. To break.

Quiebra: Bankruptcy.

Quiebra a pedido del acreedor: Involuntary bankruptcy.

Quiebra a pedido del deudor: Voluntary bankruptcy.

Quiebra necesaria: Involuntary bankruptcy.

Quiebra virtual: Virtual bankruptcy.

Quiebra voluntaria: Voluntary bankruptcy.

Quiebras - procedimientos: Bankruptcy - proceedings.

Quilate: Carat. Small quantities.

Quinquenal: Five-year.

Quinquenio: Five-year period.

Quinta: Country house.

Quirógrafo: Unsecured.

Quita: Release.

Quitanza: Quittance.

Quórum: Quorum.

R

Racionamiento: Rationing.

Razón de solvencia: Solvency ratio.

Razón del circulante: Short-term liquidity ratio.

Razón entre la utilidad y el interés: Ratio between profitability and interest.

Razón financiera: Financial reason.

Razón social: Corporate name. Firm name.

Reajuste: Readjustment.

Realizable: Realizable.

Realizar: To realize.

Rebote técnico: Technical rebound.

Recapitalización: Recapitalization.

Recargo: Overcharge.

Recargo por mora en la presentación de una declaración: Late filling penalty.

Recaudación: Collection.

Recaudación fiscal: Tax collection.

Recaudador: Collector.

Recibí: Received.

Recibir: To receive.

Recibo: Receipt.

Recibo virtual: Implied receipt.

Reclamación: Claim.

Reclamo: Claim.

Reconocimiento de variaciones patrimoniales: Net worth variation recognition.

Reconversión: Conversion.

Recordatorio de vencimiento: Maturity notice.

Recupero deudores incobrables: Bad debts recovery.

Recupero previsión para deudores incobrables: Recovery of provision for bad debts.

Recurso: Remedy. Resource.

Recurso de caja: Cash resource.

Recurso financiero: Financial resource.

Recurso patrimonial: Public resource.

Recurso público: Publlic resource.

Recurso tributario: Tax resource.

Recursos: Resources.

Recursos derivados: Derivative resources.

Recursos diversos: Other resources.

Recursos extraordinarios: Extraordinary resources.

Recursos monetarios: Monetary resources.

Recursos ordinarios: Ordinary resources.

Recursos originarios: State own resources.

Recursos tributarios: Tax resources.

Redescuento: Rediscount.

Rédito bruto: Gross return.

Rédito imponible: Taxable return.

Rédito neto: Net return.

Reducción: Decrease.

Reducción del capital: Capital reduction.

Reembolso: Reimbursement.

Reembolso de capital: Capital reimbursement.

Reembolso de exportación: Export reimbursement.

Reembolso fiscal: Tax reimbursement.

Reestructuración accionaria: Swap.

Reexportación: Re-exportation.

Reexpresión monetaria: Monetary restatement.

Referencias bancarias: Bank rating.

Referencias comerciales: Trade rating.

Refinanciación: Refinancing.

Refrendo: Countersign.

Refugiados: Shelter capital.

Refundición de cuentas de resultado: Transfer of different balances of profit/loss accounts to only one account.

Régimen: Regime.

Régimen económico: Economic situation.

Registración contable: Accounting record.

Registro: Entry. Registration office. Register.

Registro cronológico: Chronological entry.

Registro de bonos: Bonds entry.

Registro de cheques: Check register.

Registro de documentos: Notes journal.

Registro de facturas: Invoices journal.

Reimportar: To re-import.

Reintegro: Reimbursement.

Reinversión: Reinvestment.

Relación del servicio de la deuda: Debt service ratio.

Relación entre la tasa directa y tasa sobre saldo: Spread.

Relación financiera: Financial ratio.

Relación tributaria: Tax relation.

Relaciones públicas: Public relations.

Remate: Auction.

Remito: Delivery note.

Rendición de cuentas: Rendering of accounts.

Rendimiento corriente: Current yield.

Rendimiento creciente: Increasing yield.

Rendimiento de la inversión: Capital yield.

Rendimiento efectivo: Net yield.

Rendimiento esperado: Initial yield.

Rendimiento normal: Normal yield.

Rendimiento óptimo: Optimum yield.

Rendimiento patrimonial: Capital yield.

Renegociación financiera: Financial renegotiation.

Renta: Yield. Benefit. Profit. Income. Rent.

Renta anticipada: Realizable income.

Renta bruta: Gross income.

Renta cierta: Certain income.

Renta corrida: Yield to maturity.

Renta de intereses: Interests income.

Renta de propiedades: Rent.

Renta de títulos: Securities income.

Renta efectiva: Effective yield.

Renta fija: Fixed income.

Renta incierta: Uncertain income.

Renta mínima no imponible: Non-taxable minimum.

Renta mundial: World income.

Renta neta: Net income.

Renta nominal: National income.

Renta per cápita: Per capita income.

Renta permanente: Annuity for life.

Renta perpetua: Perpetual income.

Renta perpetua anticipada: Advance income.

Renta perpetua diferida: Deffered income.

Renta real: Real income.

Renta temporaria: Temporary income.

Renta variable: Variable yield.

Rentabilidad: Profitability.

Rentable: Profitable.

Rentar: To profit.

Rentas asincrónicas: Asynchronous income.

Rentas percibidas por adelantado: Income collected in advance.

Rentas sincrónicas: Synchronous income.

Rentista: Rentier.

Repatriación de capitales: Repatriation of capitals.

Represión financiera: Financial repression.

Représtamo: Reloan.

Requisitos: Requirements.

Rescate: Redemption.

Rescate de acciones: Stock redemption.

Rescate de títulos: Securities redemption.

Rescindir: To cancel. To rescind.

Reserva: Reserve.

Reserva de capital: Capital reserve.

Reserva de fluctuación de acciones y títulos: Reserve for securities fluctuation.

Reserva de fluctuación de cambios: Reserve for exchange fluctuation.

Reserva de revaluación de activos: Assets revaluation reserve.

Reserva estatutaria: Legal reserve.

Reserva facultativa: Voluntary reserve.

Reserva federal: Federal reserve.

Reserva impropia: Improper reserve.

Reserva legal: Legal reserve.

Reserva libre: Free reserve.

Reserva matemática: Premium reserve (for life insurance).

Reserva obligatoria: Legal reserve.

Reserva oculta: Hidden reserve.

Reserva para dividendos futuros: Reserve for future dividends.

Reserva para el rescate de acciones: Stock redemption reserve.

Reserva prima de emisión: Reserve for stock premium issue.

Reserva voluntaria: Voluntary reserve.

Reservas: Reserves.

Reservas de oro: Gold reserves.

Reservas externas: Foreign exchange reserves.

Reservas técnicas: Technical reserves.

Residentes: Residents.

Resistencia: Resistance.

Responsabilidad por endoso: Secondary liability.

Responsabilidad profesional: Professional liability.

Responsabilidad solidaria: Several liability.

Responsable: Responsible. Liable. Guarantor. Guilty.

Responsable por deuda ajena: Liable for third party debt. Surety.

Restitución presupuestaria: Budgetary restitution.

Restricción crediticia: Tight credit.

Restricción presupuestaria: Budget constraint.

Restricciones: Limitations.

Resultado: Result. Profit. Loss.

Resultado anticipado: Anticipated profit/loss.

Resultado capitalizado: Accumulated profit.

Resultado de operación: Operating profit/loss.

Resultado del ejercicio: Fiscal year profit/loss.

Resultado devengado: Accrued profit/loss.

Resultado distribuible: Distributable profit/loss.

Resultado distribuido: Distributed profit/loss.

Resultado eventual: Contingent profit/loss.

Resultado exento: Nontaxable profit.

Resultado impositivo: Taxable profit/ loss.

Resultado monetario: Monetary profit/ loss.

Resultado ordinario antes del impuesto: Ordinary profit/loss before tax .

Resultado ordinario después del impuesto: Ordinary profit/loss after tax.

Resultado percibido: Collected profit.

Resultado realizado: Realized profit.

Resultado rescate de Debentures: Debentures redemption profit/loss.

Resultados extraordinarios: Extraordinary profit/losses.

Resultados financieros: Financial profit/ losses.

Resultados ordinarios: Ordinary profit/ loss.

Resumen de cuenta bancaria: Bank statement.

Retención: Withholding.

Retención a las exportaciones: Exports withholdings.

Retiro: Write-off. Withdrawal. Retirement pension. Allowance.

Revalúo impositivo: Tax revaluation.

Riesgo cambiario: Foreign exchange risk.

Riesgo de crédito: Credit risk.

Riesgo de la tasa de interés: Risk of the interest rate.

Riesgo de liquidez: Liquidity risk.

Riesgo de mercado: Market risk.

Riesgo de precio: Price risk.

Riesgo de tasa de interés: Risk of interest rate.

Riesgo país: Country risk.

Riqueza: Wealth.

Rubros monetarios: Monetary items.

Rubros no monetarios: Non-monetary items.

Rueda: Trading session.

Ruedas: Trading sessions.

Ruina: Ruin.

S

Sacrificio fiscal: Fiscal sacrifice.

Salario: Wage. Pay.

Salario nominal: Nominal wage.

Salario real: Real wage.

Saldo: Balance. Settlement. Remnant. Payment.

Saldo a cobrar: Balance collectible.

Saldo a favor: Favorable balance.

Saldo acreedor: Credit balance.

Saldo bancario: Banking balance.

Saldo cero: Zero balance.

Saldo de ejercicios anteriores: Previous fiscal years balance.

Saldo de la cuenta: Account balance.

Saldo deudor: Debit balance.

Saldo disponible: Balance on hand.

Saldo en el banco: Banking balance.

Saldo final: Closing balance.

Saldo inicial: Opening balance.

Saldo nulo: Zero balance.

Saldo real: Real balance.

Salida: Expenditure . Disbursement.

Salvo error u omisión: Errors and omissions excepted.

Satisdación: Security. Satisdatio.

Scrip: Scrip.

Secretaría del Tesoro de los EE.UU: US Treasure Secretariat.

Secreto bancario: Banking secrecy.

Secreto profesional: Trade secrecy.

Sector: Sector.

Sector privado: Private sector.

Sector público: Public sector.

Securities: Securities.

Securitización: Securitization.

Securitización del crédito: Credit securitization.

Sede: Headquarters. Place of business.

Seguro colectivo: Group insurance.

Seguro de cambio: Exchange rate insurance.

Seguro de caución: Guaranty insurance.

Seguro de crédito: Credit insurance.

Seguro de crédito a la exportación: Export credit insurance.

Seguro individual: Individual insurance.

Seña: Advance.

Servicio de cobro: Collection service.

Servicio de la deuda: Debt service.

Servicios financieros: Financial services.

Servicios públicos: Public services.

Servicios públicos esenciales: Basic public services.

Servicios públicos no esenciales: No-basic public services.

Siete hermanas: Seven sisters.

Sigla: Acronym.

Sigla comercial: Comercial acronym.

Sin ánimo de lucro: Non-profit.

Sin fondos suficientes: No-funds.

Sin intereses: Interest free.

Sinalagmático: Bilateral contract.

Sindicación: Unionization.

Sindicación de acciones: Blockage of stocks.

Sindicatura: Audit office.

Sinergia: Synergy.

Sistema: System.

Sistema bancario: Banking system.

Sistema bursátil: Stock exchange system.

Sistema de crédito: Credit system.

Sistema de la Reserva Federal de los EE.UU: US Federal Reserve System.

Sistema de precios: Prices system.

Sistema económico: Economic system.

Sistema Económico Latinoamericano: Latin-American Economic System.

Sistema Europeo de los Bancos Centrales: European System of Central Banks.

Sistema Métrico Decimal de Pesos y Medidas: Metrical (Decimal) System of Weights and Measures.

Sistema monetario: Monetary system.

Sistema tributario: Taxation system.

Situación económica: Economic position.

Situación financiera: Financial position.

Situación patrimonial: Financial statement.

Sobrante: Overage.

Sobre la par: Above par.

Sobre tasa: Additional rate.

Sobrecapitalización: Overcapitalization.

Sobrecomprado: Overbought.

Sobrefacturación de importaciones: Importation´s overbilling.

Sobrefacturar: To overbill.

Sobregiro: Overdraft.

Sobreprecio: Overprice.

Sobrevaluar: To overvalue.

Sociedad accidental o en participación: Joint venture.

Sociedad anónima: Corporation. Joint stock corporation. Business organization.

Sociedad anónima abierta: Public limited company. Corporation.

Sociedad anónima cerrada: Closed corporation.

Sociedad anónima con participación estatal mayoritaria: Partially government-owned corporation.

Sociedad colectiva: General partnership.

Sociedad controlada: Subsidiary corporation. Affiliated company.

Sociedad controlante: Parent corporation. Holding corporation. Holding company.

Sociedad cooperativa: Cooperative association.

Sociedad de capital: Stock company.

Sociedad de capital e industria: Partnership in which some partners invest money and others furnish services.

Sociedad de capital variable: Opened investment .

Sociedad de capitalización: Capitalization company.

Sociedad de comercio: Trading corporation.

Sociedad de crédito: Saving and loan association.

Sociedad de economía mixta: Mixed economy company.

Sociedad de garantía recíproca: Reciprocal guaranty corporation.

Sociedad de hecho: De facto business organization.

Sociedad de inversión: Investment trust.

Sociedad de personas: Partnership.

Sociedad de responsabilidad limitada: Limited liability partnershhip.

Sociedad del estado: State corporation.

Sociedad depositaria: Mutual fund custodian.

Sociedad en comandita: Limited partnership.

Sociedad en comandita por acciones: Limited partnership by shares.

Sociedad en comandita simple: Limited partnership.

Sociedad en formación: Proposed corporation.

Sociedad en liquidación: Partnership in liquidation.

Sociedad fiduciaria: Trust company.

Sociedad financiera: Finance company.

Sociedad irregular: Corporation defacto.

Sociedad limitada: Limited corporation.

Sociedad por acciones: Corporation.

Sociedad por interés: Partnership.

Sociedad regular: Good standing corporation.

Socio: Partner.

Solicitud de cotización: Quotation request.

Solicitud de crédito: Application for credit.

Solidario: Joint and several.

Solvencia: Solvency.

Solvencia crediticia: Credit standing.

Solventar: To solvent.

Solvente: Solvent.

Soporte: Support.

Split: Split.

Spot: Spot.

Spread: Spread.

Stagflation: Stagflation.

Stand by: Stand by.

Stock broker: Stock broker.

Stock exchange: Stock exchange.

Straddle: Straddle.

Strap: Strap.

Strike price: Strike price.

Strip: Strip.

Subarrendamiento: Sublease.

Subarrendar: To sublease.

Subarrendatario: Sublesee.

Subarriendo: Sublease.

Subasta: Auction.

Subcapitalización: Subcapitalization.

Submúltiplo: Submultiple.

Subparticipación: Customer´s interest in a credit a bank grants to a third party at a fixed rate and maturity.

Subsidiaria: Subsidiary.

Subsidio: Subsidy.

Subsidios: Subsidies.

Subvención: Subsidy.

Sueldo: Wage.

Sujeto activo de la obligación tributaria: Active subject to tax liability.

Sujeto de derecho: Subject to right.

Sujeto pasivo de la obligación tributaria: Passive subject to tax liability. Taxpayer.

Sujetos del concurso: Subjects to composition.

Superávit: Surplus.

Superávit capitalizado: Accumulated surplus.

Superávit de capital: Capital surplus.

Superávit de la balanza comercial: Surplus of the trade balance.

Superávit de revaluación: Revaluation surplus.

Superávit en libros: Surplus in books.

Superávit final del período o ejercicio: Final surplus of the fiscal year.

Superávit fiscal: Fiscal surplus.

Superávit ganado: Earned surplus.

Superávit libre: Free surplus.

Superávit mixto: Mixed surplus.

Superávit ordinario del período o ejercicio: Ordinary surplus of the fiscal year.

Superávit pagado: Paid surplus.

Superávit reservado: Retained surplus.

Superávit restringido: Restricted surplus.

Suscribir: To subscribe. To sign.

Suscripción: Subscription.

Suscripción con descuento: Subscription below par.

Suscripción con prima: Subscription above par.

Suscripción de acciones: Stock subscription.

Suspensión: Suspension.

Suspensión de cotización: Suspension of Stock Exchange quotation.

Suspensión de pagos: Suspension of payments.

Swap: Swap.

Swap de divisas: Currency swap.

Swap de índice de rendimiento de acciones: Swap of stock yielding rate.

Swap de rendimiento de acciones: Yield stock swap.

Swap de tasas de interés: Interest rate swap.

Swaption: Swaption.

Switch: Switch.

T

Talón: Stub. Counterfoil.

Talonario: Check book. Stub book.

Tamaño del sector público: Size of the public sector.

Tantear: To calculate roughly. To pay for something. By virtue of a certain right the same price for which this was auctioned or leased.

Tanto: Rough calculation. Certain amount.

Tanto de interés: As much by interest.

Tanto por ciento: Percentage. Certain percentaje.

Tanto por mil: Per thousand.

Taquilla: Box office.

Tarifa: Rate. Tariff.

Tarifa aduanera: Tariff.

Tarifas ad valorem: Ad valorem tariff.

Tarifas específicas: Specific tariff.

Tarjeta de compra: Credit card.

Tarjeta de crédito: Credit card.

Tarjeta de débito: Debit card.

Tasa: Rate.

Tasa activa: Lending rate.

Tasa aparente de interés: Apparent rate of interest.

Tasa bancaria: Banking rate.

Tasa de actualización: Updating rate.

Tasa de ahorro: Savings rate.

Tasa de almacenaje: Storage rate.

Tasa de beneficio: Rate of profit.

Tasa de cambio: Exchange rate.

Tasa de cambio efectivo: Effective exchange rate.

Tasa de cobertura: Break-even point.

Tasa de comprobación: Ad valorem rate.

Tasa de comprobación de destino: Ad valorem rate.

Tasa de constitución: Incorporation rate.

Tasa de corte: Effective interest rate.

Tasa de depreciación: Depreciation rate.

Tasa de descuento: Discount rate.

Tasa de devaluación de la moneda: Rate of devaluation of the currency.

Tasa de estadística: Statistics rate (regulated by Customs).

Tasa de ganancia: Accounting rate of

return.

Tasa de incidencia: Rate of incidence.

Tasa de inflación: Inflation rate.

Tasa de interés: Interest rate.

Tasa de interés activa: Lending rate.

Tasa de interés bruta: Gross interest rate.

Tasa de interés efectiva anual: Annual effective interest rate.

Tasa de interés fija: Fixed interest rates.

Tasa de interés flotante: Floating interest rate.

Tasa de interés negativa: Negative interest rate.

Tasa de interés neta: Net interest rate.

Tasa de interés neutra: Neutral interest rate.

Tasa de interés nominal: Nominal interest rate.

Tasa de interés pasiva: Borrowing rate.

Tasa de interés positiva: Positive interest rate.

Tasa de interés real: Real interest rate.

Tasa de interés real negativa: Negative real interest rate.

Tasa de interés real neutra: Neutral real interest rate.

Tasa de interés real positiva: Positive real interest rate.

Tasa de interés variable: Floating interest rate.

Tasa de liquidez: Liquidity ratio.

Tasa de liquidez ácida: Acid test ratio.

Tasa de redescuento: Discount rate.

Tasa de rendimiento: Yield rate.

Tasa de rentabilidad contable: Accounting rate of return.

Tasa de rentabilidad interna: Rate of internal yield.

Tasa de servicio extraordinario: Extraordinary service rate.

Tasa flotante: Floating rate.

Tasa instantánea: When it is capitalized continuously with the interest rate, a higher value of the amount is obtained than the one obtained when capitalized subperiodically with a proportional rate under the same conditions.

Tasa interbancaria: Interbank rate.

Tasa interna de retorno: Internal rate of retur.

Tasa justa: Fair rate.

Tasa LIBOR: LIBOR.

Tasa media: Average rate.

Tasa nominal: Nominal rate.

Tasa pactada: Agree upon rate, contract rate.

Tasa pasiva: Borrowing rate.

Tasa periódica: Periodic rate.

Tasa progresiva: Progressive rate.

Tasa proporcional: Proportional rate.

Tasa real: Real interest rate.

Tasa regresiva: Regressive rate.

Tasa regulada: Regulated rate.

Tasa testigo: Rate from a survey performed among the most representing institutions of the system.

Tasación: Rating. Appraisal. Valuation.

Tasador: Valuer.

Tasar: To value. To asses. To appraise.

Tasas: Rates.

Tasas cruzadas: Crossed rates.

Tasas efectivas: Effective rates.

Tasas equivalentes: Equivalent rates.

Tasas parafiscales: Parafiscal rates.

Tasas proporcionales: Proportional rates.

Techo: Ceiling.

Técnicas de negociación: Techniques of negotiation.

Telefax: Fax.

Tendencia: Trend.

Tendencias del mercado: Market trends.

Tenedor: Holder. Bearer. Payee.

Tenedor de libros: Bookkeeper.

Tenedora: Holding company.

Tenedores de aval: Holders of guaranty.

Teneduría de libros: Bookkeeping.

Teoría de interés: Theory of interest.

Teoría de la contribución: Theory of the contribution.

Teoría de la imprevisión: Theory dealing with unforeseen events in contracts.

Teoría de los filtros: Theory of the filters.

Término: Term.

Términos de Comercio Internacional: Terms of International Trade.

Términos del intercambio: Terms of trade.

Tesorería: Post of treasurer. Office of treasurer. Treasure. Treasury.

Tesorero: Treasurer.

Tesoro: Treasure. Treasury.

Tesoro público: Treasury.

Ticket: Ticket.

Tiempo: Time.

Tiempo de colocación: Position period.

Tiempo de compensación: Compensating free time.

Tiempo de repago: Repayment time.

Timbre: Stamp. Seal.

Tipo de cambio: Exchange rate.

Tipo de cambio asegurado: Insured exchange rate.

Tipo de cambio comprador: Purchasing exchange rate.

Tipo de cambio de cierre: Closing exchange rate.

Tipo de cambio de equilibrio: Equilibrium exchange rate.

Tipo de cambio efectivo: Effective exchange rate.

Tipo de cambio futuro: Future exchange rate.

Tipo de cambio implícito: Implicit exchange rate.

Tipo de cambio real: Real exchange rate.

Tipo de cambio sobrevaluado: Overvalued currency.

Tipo de cambio subvaluado: Undervalued currency.

Tipo de cambio vendedor: Selling Exchange.

Tipo de cambio vigente: Going rate.

TIR: IRR (Internal Rate of Return).

Titular: Holder. Regular. Named person, person who holds a position or practices a profession in his own name and right.

Titularización: Securitization.

Titulización: Securitization.

Título: Title. Bond. Security.

Título al portador: Bearer securities. Bearer bonds.

Título circulatorio: Security.

Título de crédito: Security.

Título de deuda: Debt security.

Título de la deuda pública: Government bond.

Título de presentación: Security on presentation.

Título ejecutivo: Execution instrument.

Título gratuito: Gratuitous title.

Título oneroso: Onerous title.

Título privado: Corporate bond. Private bond.

Título público: Government bond.

Título valor: Security.

Títulos amortizables: Redeemable securities.

Títulos de renta: Securities.

Títulos de renta fija: Fixed interest securities.

Títulos de renta variable: Equities.

Títulos negociables: Marketable securities. Negotiable securities.

Títulos no amortizables: Irredeemable bonds.

Títulos públicos: Government securities. Government bonds.

Toma de ganacias: Profit taking.

Tomador: Payee. Policyholder.

Total: Total.

Trabajo: Work.

Trade company: Trade company.

Trader: Trader.

Tramitar: To take the steps to deal with something. To serve on.

Trámite: Proceeding. Step.

Transacción de capital: Capital transaction.

Transacción monetaria: Money transaction.

Transacciones: Transactions.

Transacciones mercantiles: Trade transactions.

Transferencia: Transfer.

Transferencia de acciones: Transfer of stocks.

Transferencias de fondos: Transfer of founds.

Transparencia del mercado: Transparency in the market.

Transparencia fiscal: Fiscal transparency, look through regime.

Traslación del impuesto: Shifting of tax.

Traslapo: Overlap.

Traspasar: To assign. To tranfer.

Traspaso: Cost of things transferred. Cession. Transfer. Balance carried over. Goods tranferred.

Tratado de Libre Comercio para América del Norte: North American Free Trade Agreement.

Tratado de Varsovia: Treaty of Warsaw.

Tribunal administrativo: Administrative Court.

Tributar: To pay taxes.

Tributo: Tax.

Tributos no vinculados: Non related taxes (there is no connection between the taxpayer and the State).

Tributos vinculados: Related taxes (there is a connection between the taxpayer and the state).

Trimensual: Three times a month.

Trimestral: Quarterly.

Trimestre; Quarter. Trimester.

Trocar: To barter. To trade.

Trueque: Barter.

Trust: Trust.

Trust receipt: Trust receipt.

U

UEC: UEC.

UEPS: LIFO.

Umbral de la rentabilidad: Break-even point.

UNCTAD: UNCTAD.

Underground: Underground.

Underwriter: Underwriter.

Underwriting: Underwriting.

UNESCO: UNESCO.

Unidad monetaria: Monetary unit. Currency unit.

Unidad Monetaria Europea: European Currency Unit.

Unión Europea: European Union.

Usura: Usury.

Usurero: Userer.

Usurpación de atribuciones: Usurpation of attributions.

UTE: Joint venture.

Utilidad: Profit. Gain. Utility. Earning.

Utilidad contable: Profit resulting from financial statements.

Utilidad de la operación: Operating income, operating profit.

Utilidad impositiva: Tax profit.

Utilidad líquida: Net profit.

Utilidad marginal: Marginal revenue.

V

Vaciamiento de bienes: Selling up to assets (to cause one´s insolvency).

Vale: Note. Voucher.

Vale ciego: Bearer voucher.

Vale de caja: Cash voucher.

Vale de descuento: Coupon.

Valor: Value. Security. Stock. Price.

Valor a pagar: Payable.

Valor actual: Current value. Present value.

Valor actual de una anualidad constante: Present value of a constant annuity.

Valor actual neto: Current net value.
Valor agregado: Value added.
Valor al cobro: Instrument for collection.
Valor amortizable: Depreciable value.
Valor amortizado: Depreciated value.
Valor añadido: Value added.
Valor asegurable: Insurable value.
Valor bursátil: Stock market value.
Valor contable: Book value.
Valor corriente: Current value.
Valor de cambio: Net realizable value.
Valor de cotización: Listing value.
Valor de ingreso: Original cost.
Valor de ingreso esperado: Expected value.
Valor de ingreso esperado de un producto sujeto a depreciación: Expected value of a product subject to depreciation.
Valor de ingreso esperado proporcional: Proportional expected value.
Valor de libros: Book value.
Valor de libros de las acciones y cuotas de capital: Book value of stocks and shares.
Valor de liquidación: Liquidation value. Break-up value.
Valor de rendimiento: Yield value.
Valor de rescate: Surrender value.
Valor declarado: Declared value. Stated value.
Valor depreciado: Depreciated value.
Valor descontado: Present value.
Valor económico: Economic value.
Valor efectivo: Cash value.
Valor en aduana: Customs value.
Valor en libros: Book value.
Valor ex cupón: Ex-coupon value.
Valor ex dividendo: Ex-dividend value.
Valor fiscal: Rateable value.
Valor imponible: Assessed value.
Valor impositivo: Tax value.
Valor monetario: Money value.
Valor neto de realización: Net realizable value.
Valor nominal: Nominal value. Par value. Face value.
Valor par: Par Value.
Valor probable de recupero: Estimated recovery value.
Valor real: Real value.
Valor real de títulos: Real value of securities.
Valor realizable neto: Net realizable value.
Valor recuperable: Scrap value.
Valor residual de un título: Residual value.

INGLÉS - ESPAÑOL

A

A hundred: Centena.

A tax paid to king: Yantar.

Abacus: Ábaco.

Abandonment. Surrender: Abandono.

Able to be liquidated. Realizable: Liquidable.

Above par: Above par. Sobre la par.

Absenteeism tax: Impuesto al ausentismo.

Abstract number: Número abstracto.

Abuse of confidence: Abuso de confianza.

Accelerated depreciation: Amortización acelerada.

Acceleration principle: Principio acelerador.

Acceptance: Aceptación.

Acceptance of a bill of exchange: Aceptación de letra de cambio.

Acceptances: Aceptaciones.

Acceptor: Aceptante.

Accessory obligations: Obligaciones accesorias.

Account: Cuenta.

Account balance: Saldo de la cuenta.

Account number: Número de cuenta.

Account opening: Apertura de cuenta.

Account payable: Cuenta a pagar.

Account receivable: Cuenta a cobrar.

Account uncollectible. Bad debt: Cré-

dito incobrable.

Accountancy. Accountant´s office. Account´s department. Pawnshop: Contaduría.

Accountant. Bookkeeper: Contador.

Accounting: Contabilidad.

Accounting audit: Auditoría contable.

Accounting control: Control contable.

Accounting documentation: Documentación contable.

Accounting entry: Asiento contable.

Accounting organization: Organización contable.

Accounting Principles: NC.

Accounting rate of return: Tasa de ganancia. Tasa de rentabilidad contable.

Accounting record: Registración contable.

Accounting valuation: Valuación contable.

Accounts closing: Cierre de cuentas.

Accounts in litigation: Deudores en gestión judicial. Deudores en litigio.

Accounts payable: Cuentas por pagar.

Accounts payable turnover ratio: Índice de rotación de cuentas a pagar.

Accounts receivable: Cuentas por cobrar.

Accounts receivable ratio for goods: Índice de cuentas a cobrar sobre mercaderías.

Accounts receivable. Sundry debtors: Deudores comunes.

Accounts uncollectible: Deudores

incobrables.

Accounts uncollectible. Bad debts: Créditos incobrables.

Accrual: Devengamiento.

Accrual credit interest: Intereses acreedores a devengar.

Accrued: Devengado.

Accrued dividend: Dividendo devengado.

Accrued income: Ingreso devengado.

Accrued interest: Interés devengado.

Accrued liabilities: Pasivo devengado.

Accrued loss: Pérdida devengada.

Accrued profit/loss: Resultado devengado.

Accruing interest: Interés a devengar.

Accumulated dividend: Dividendo acumulado.

Accumulated interest: Intereses acumulados.

Accumulated losses: Pérdidas acumuladas.

Accumulated profit: Ganancia capitalizada.

Accumulated profit and loss statement: Estado de resultados acumulados.

Accumulated surplus: Superávit capitalizado.

Accumulation: Acumulación.

Accumulation factor: Factor de acumulación.

Acid test ratio: Índice de liquidez ácida o seca. Tasa de liquidez ácida.

Acknowledgment of receipt: Acuse de recibo.

Acquired debentures with combined guaranty: Debentures con garantía combinada.

Acquisition cost: Costo de adquisición.

Acquisition date: Fecha de adquisición.

Acquittance: Carta de pago.

Acronym: Sigla.

Act of commerce: Acto de comercio.

Action of plaintiff to initiate a summary lawsuit to collect on a negotiable instrument: Acción ejecutiva.

Action of prescription: Acción de prescripción.

Activation of financial costs: Activación de costos financieros.

Active operation: Operación activa.

Active subject to tax liability: Sujeto activo de la obligación tributaria.

Activities of investment: Actividades de inversión.

Activity: Actividad.

Activity or development of a business or company: Marcha.

Actual cost: Costo actual.

Actual public spending: Gastos públicos reales.

Actuarial: Actuarial.

Actuarial depreciation: Amortización actuarial.

Actuary. Clerk of court: Actuario.

Acual damage. Damnum emergens: Daño emergente.

Ad valorem: Ad - valorem.

Ad valorem rate: Tasa de comprobación de destino.

Ad valorem tariff: Tarifas ad valorem.

Additional rate: Sobre tasa.

Adjustment: Actualización.

Adjustment for inflation: Ajuste por inflación.

Adjustment for inflation of the financial statements: Ajuste por inflación de los estados contables.

Adjustment index: Índice de ajuste.

Adjustment to government expenditure: Ajuste del gasto público.

Adjustments laws: Leyes de actualización.

Administration: Administración.

Administration expenses: Gastos de administración.

Administration of Financial and Control Systems of the National Public Sector: Administración Financiera y de los Sistemas de Control del Sector Público Nacional.

Administrative costs budgets: Presupuesto de costos administrativos.

Administrative Court: Tribunal administrativo.

Administrative policy: Política administrativa.

Advance: Seña.

Advance income: Renta perpetua anticipada.

Advance taxation: Imposición adelantada.

Advanced commercial payment: Pago contado comercial.

Advanced payment: Pago adelantado.

Advanced payment in full: Pago contado anticipado.

Adverse opinion: Dictamen adverso.

Adverse possession: Prescripción adquisitiva.

Advisory bank: Banco asesor.

Affection: Afectación.

Affidavit: Affidávit. Declaración jurada.

Aforementioned date: Fecha ut supra.

After market: After market.

Agency for International Development: Agencia para el Desarrollo Internacional.

Agent: Agente.

Agent bank: Banco agente.

Aggregate: Agregado.

Agio: Agio.

Agiotage: Agiotaje.

Agree upon rate, contract rate: Tasa pactada.

Agreed discount: Descuento convenido.

Agreed loan: Crédito acordado.

Agreed term: Plazo incierto.

Agreement for the supply of works: Locación de obras.

Agriculture: Agricultura.

Algebra: Álgebra.

Algorithm: Algoritmo.

Aliquot: Alícuota.

Allocation of profits: Distribución de utilidades.

Allowance: Asignación.

Allowance fund (AmE). Provision fund (BrE): Fondo de previsión.

Altered check: Cheque adulterado.

Alternative obligation: Obligación alternativa.

Amateur: Aficionado.

American Depositary Receipt: ADR. American Depositary Receipt.

American option: Opción sistema americano.

Amortizable stocks: Acciones redimibles.

Amortizable stocks. Redeemable stocks: Acciones amortizables.

Amortization of debt: Amortización de deuda.

Amortization. Depreciation: Amortización.

Amortized stocks: Acciones amortizadas.

Amount: Monto.

Amount due: Devengo.

Amount on account: Cantidad a cuenta.

Amount. Price: Importe.

Analysis of accounts receivable: Análisis de cuentas a cobrar.

Analysis of liquidation: Análisis de liquidación.

Andean Group: Grupo Andino.

Andean Pact: Pacto Andino.

Annual effective interest rate: Tasa de interés efectiva anual.

Annual financial statement: Estado financiero anual.

Annual interest: Interés anual.

Annual payment: Pago anual.

Annuity: Anualidad.

Annuity for life: Renta permanente.

Antedated check: Cheque antedatado.

Anti-bounty duty: Derecho de importación compensatorio.

Anti-dumping duty: Derecho de importación antidumping.

Anticipated profit/loss: Resultado anticipado.

Antitrust: Antitrust.

Apparent rate of interest: Tasa aparente de interés.

Application for credit: Solicitud de crédito.

Apportion: Apportion.

Appraisal: Aforo.

Appraisals: Avalúo.

Approximate calculation: Cálculo aproximado.

Arabic numeral: Número arábigo.

Arabic numerals: Numeración arábiga.

Arbitrage. Arbitration: Arbitraje.

Arbitrageur: Arbitrajista.

Argentina's National Housing Fund: Fondo Nacional para la Vivienda en la Argentina.

Argentine Federation of Graduates in Economic Sciences: FAGCE. Federación Argentina de Graduados en Ciencias Económicas.

Argentine Federation of Professional Associations of Economic Sciences: FACPCE. Federación Argentina de Consejos Profesionales de Ciencias Económicas.

Argentine peso: Peso argentino.

Arithmetic control: Control aritmético.

Arithmetic progression: Progresión aritmética.

Arranged stock: Acción concertada.

Articles of incorporation: Acta constitutiva.

Artificial person: Persona jurídica.

As much by interest: Tanto de interés.

Asian Pacific Association of Cooperative Economy: APEC.

Aspect of the conversion: Aspecto de la conversión.

Assessed value: Valor imponible.

Asset allocation: Asset allocation.

Assets: Activo. Bienes activos.

Assets conversion: Conversión del activo.

Assets revaluation reserve: Reserva de revaluación de activos.

Assets structure: Activo - composición del.

Assets to be collected or traded without effort: Valores corrientes de salida.

Assets. Property. Credit: Haber.

Assigned check: Cheque imputado.

Assignee: Cesionario.

Assignment of negotiable instruments: Cesión de créditos.

Assignor: Cedente.

Association: Asociación. Corporación.

Association of Asian Pacific Nations: ASEAN.

Assumed liabilities: Pasivo asumido.

Assured positioning: Colocación asegurada.

Asynchronous income: Rentas asincrónicas.

At days or months from the date of issuance: A días o meses fecha.

At days or months sight: A días o meses vista.

At par: A la par.

At sight: A la vista.

Attache: Attache.

Attachment: Embargo.

Auction: Almoneda. Remate. Subasta.

Audit: Auditoría.

Audit agreement: Contrato de auditoría.

Audit office: Sindicatura.

Auditing standards: Normas de auditoría.

Auditor: Auditor.

Auditor´s opinion: Dictamen del auditor.

Austral: Austral.

Authentication. Attestation: Legalización.

Autocrat management: Dirección autócrata.

Automatic teller: Caja automática. Cajero automático.

Autonomous market: Mercado autónomo.

Availability: Disponibilidad.

Available: Disponible.

Available fund: Fondo disponible.

Average age of inventory ratio: Índice de antigüedad media de los inventarios.

Average collection period: Período de cobranza promedio.

Average payment period: Período de pago promedio.

Average rate: Tasa media.

Aversion to risk: Aversión al riesgo.

Award: Adjudicación.

B

Bad check: Cheque devuelto. Cheque rechazado.

Bad debts recovery: Recupero deudores incobrables.

Bailment contract: Contrato de depósito.

Balance collectible: Saldo a cobrar.

Balance of payment deficit: Déficit de la balanza de pagos.

Balance of payments: Balanza de pagos.

Balance on hand: Saldo disponible.

Balance sheet: Balance.

Balance sheet date: Fecha de cierre.

Balance. Settlement. Remnant. Payment: Saldo.

Balanced budget: Presupuesto equilibrado.

Band of fluctuation: Banda de fluctuación.

Bank: Banco.

Bank account opening: Apertura de cuenta bancaria.

Bank account statement: Estado del banco.

Bank accounting: Contabilidad bancaria.

Bank book: Libro de bancos.

Bank charges: Gastos bancarios.

Bank credit. Bank loan: Crédito bancario.

Bank creditors: Acreedores bancarios.

Bank deposit at sight: Depósito bancario a la vista.

Bank deposits nationalization: Nacionalización de los depósitos bancarios.

Bank draft: Giro bancario.

Bank for International Settements: Banco Internacional de Pagos.

Bank guarantee: Garantía bancaria.

Bank loan: Préstamo bancario.

Bank money: Dinero bancario.

Bank of export: Banco de exportación.

Bank of Mexico: Banco de México.

Bank rating: Referencias bancarias.

Bank reconciliation: Conciliación bancaria.

Bank statement: Resumen de cuenta bancaria.

Banker: Banquero.

Banker's acceptance: Aceptación bancaria.

Banking: Banca.

Banking abstract of account: Liquidación bancaria.

Banking balance: Saldo bancario.

Banking classification: Calificación bancaria.

Banking commission: Comisión bancaria.

Banking debits: Débitos bancarios.

Banking deposit: Depósito bancario.

Banking discount: Descuento bancario.

Banking extension: Ampliación bancaria.

Banking interest: Interés bancario.

Banking liabilities: Pasivo bancario.

Banking money: Moneda bancaria.

Banking operation: Operación bancaria.

Banking panic: Pánico bancario.

Banking rate: Tasa bancaria.

Banking secrecy: Secreto bancario.

Banking system: Sistema bancario.

Banknote: Billete de banco.

Bankrupt: Quebrado.

Bankrupt debtor: Deudor fallido.

Bankruptcy: Bancarrota. Quiebra.

Bankruptcy Law and regulations of proceedings prior to bankruptcy: Derecho concursal.

Bankruptcy Lawsuit: Juicio a la quiebra.

Bankruptcy-proceedings: Quiebras - procedimientos.

Banks: Bancos.

Bar code: Código de barras.

Barometer: Barómetro.

Barrel: Barril.

Barter: Permuta. Trueque.

Base of the index: Base del índice.

Base year: Año base.

Base. Basis: Base.

Basic calculation: Cálculo básico.

Basic point: Punto básico.

Basic public services: Servicios públicos esenciales.

Basle Bank: Banco de Basilea.

Bear: Bajista.

Bear market: Mercado a la baja. Mercado del Oso. Mercado tipo bear.

Bearer bonds. Bearer notes: Obligaciones al portador.

Bearer note: Documento al portador.

Bearer securities. Bearer bonds: Título al portador.

Bearer stocks: Acciones al portador.

Bearer voucher: Vale ciego.

Bearer. Carrier: Portador.

Bears: Bears.

Below par: Bajo la par.

Beneficiary: Beneficiario.

Beneficiary stocks: Acciones beneficiarias.

Benefit of Division: Beneficio de división.

Benefits capitalization: Capitalización de beneficios.

Benelux: Benelux.

Beta: Beta.

Biannual: Bianual.

Bid basis price: Precio base de licitación.

Bid guaranty: Garantía de licitaciones.

Biennial: Bienal.

Biennium: Bienio.

Big bang: Big bang.

Bilateral: Bilateral.

Bilateral contract: Sinalagmático.

Bilateral monopoly: Monopolio bilateral.

Bilateral trade: Comercio bilateral.

Bill of entry: Declaración aduanera.

Bill of exchange: Letra de cambio.

Bill of exchange acceptance: Letra de cambio - aceptación.

Bill of exchange guaranty: Letra de cambio - del aval.

Bill of exchange payment: Letra de cambio - del pago.

Billion: Millardo.

Billion (BrE). Trillion (AmE): Billón.

Bills in dollars: Letras dolarizadas.

Bills without protest: Letras sin protesto.

Bimetallism: Bimetalismo.

Binary: Binario.

BIS: BIS.

Black market: Bolsa negra. Mercado ilegal. Mercado marginal. Mercado paralelo.

Black Monday: Lunes negro.

Black money: Dinero negro.

Black Tuesday: Martes negro.

Blackmail: Chantaje.

Blank check: Cheque en blanco.

Blank promissory note: Pagaré en blanco.

Blank signature: Firma en blanco.

Blockage of stocks: Sindicación de acciones.

Blue chips: Acciones clásicas. Blue chips.

Board: Consejo.

Board of directors: Directorio.

Board of Directors stocks deposited as a guarantee: Acciones del directorio depositadas en garantía.

BOCE (Economic Consolidation Bond): BOCE.

BOCON (Consolidation Debt Bond): BOCON.

BOCRE (Export Credit Bond): BOCRE.

Body of stockholders: Accionariado.

Body. Sheet. Plate: Lámina.

Bond: Bono.

Bond Bunny: Bono Bunny.

Bond dividend: Dividendo en bonos.

Bond holder. Note holder: Obligacionista.

Bond issue: Emisión de bonos.

Bond result: Bono resultado.

Bond with descount: Bono con descuento.

Bond. Document which confirms an obligation, especially a debt. Card. Notice: Cédula.

Bond. Surety. Suretyship. Guaranty: Fianza.

Bondholder: Bonista.

Bonds: Bonos.

Bonds entry: Registro de bonos.

BONEX (External Bond): BONEX.

Bonus: Bonus.

Bonus stocks: Acciones bonificadas.

Bonus. Reward.Premium: Premio.

Book value: Valor contable. Valor de libros. Valor en libros.

Book value of stocks and shares: Valor de libros de las acciones y cuotas de capital.

Bookkeeper: Tenedor de libros.

Bookkeeping: Contabilización. Teneduría de libros.

Books collation: Compulsa de libros.

Boom: Auge.

Bordereaux: Bordereaux.

Borrower: Prestatario.

Borrowing: Empréstito.

Borrowing rate: Tasa de interés pasiva.

Bottomry loan: Préstamo a la gruesa.

Bovespa Index (San Pablo, Brazil): Índice Bovespa.

Box office: Taquilla.

Boycott: Boicot.

Brady bonds: Bonos Brady.

Brainstorming: Brainstorming.

Breach. Default: Incumplimiento.

Break-even point: Punto de empate. Punto de equilibrio. Tasa de cobertura. Umbral de la rentabilidad.

Breaking in. Overlap: Jineteo.

Bretton Woods: Bretton Woods.

Broadcast: Difusión.

Broker: Agente de mercado abierto. Agente extrabursátil. Bolsista. Broker. Colocador.

Bruessels Tariff Nomenclature: Nomenclatura Arancelaria de Bruselas.

Budget: Presupuesto.

Budget by areas of responsibility: Presupuesto ascendente.

Budget by objectives: Presupuesto descendente.

Budget constraint: Restricción presupuestaria.

Budget deficit: Déficit presupuestario.

Budgetary expenditure: Egresos presupuestarios.

Budgetary restitution: Restitución presupuestaria.

Bull: Bull.

Bull market: Mercado al alza. Mercado del Toro. Mercado tipo bull.

Bullion. Ingot: Lingote.

Bullish: Alcista.

Bundesbank. German Central Bank: Bundesbank.

Bureau: Buró.

Business combination: Combinación mercantil.

Business cycle. Economic situation: Coyuntura.

Business income: Ingreso del negocio.

Business law: Derecho económico.

Business transaction: Operación comercial.

Business transaction. Commercial negociation: Negociación mercantil.

Business. Transaction. Work. Shop. Deal: Negocio.

Business. Transactions: Negocios.

Buyer tax: Impuestos a cargo del comprador.

Buyer's market: Mercado comprador.

Bylaws: Estatuto.

C

C&F clause: Cláusula C&F.

Cable transfer: Giro cablegráfico.

CAIRNS group: Grupo CAIRNS.

Calculation: Cálculo.

Calculator: Calculadora.

Calendar: Calendario.

Calendar year: Año calendario.

Call: Fondos interbancarios.

Call money: Call money.

Call option: Call option.

Call option: Opción de compra.

Call premium: Prima de reembolso. Prima de rescate.

Call price: Precio de rescate.

Canceled promissory note: Pagaré cancelado.

Cancellation: Cancelación anticipada.

Cancellation against lost. Write-off: Cancelación contra resultados.

Cancellation of a debt: Cancelación de deuda.

Cancellation. Expiration: Cancelación.

Cancelled check: Cheque anulado. Cheque cancelado.

Canon on taxation: Principios de la imposición.

Canon. Tax. Rent: Canon.

CAP: CAP.

Capital amortization: Amortización del capital.

Capital contribution: Aporte de capital.

Capital dividend: Dividendo de capital.

Capital Equipment. Capital goods: Bienes de producción.

Capital flight: Capital golondrina. Dinero errante. Huida de capitales.

Capital Goods: Bienes de capital.

Capital in cash: Capital en efectivo.

Capital in money: Capital monetario.

Capital in stock. Equity: Capital accionario.

Capital increase: Aumento de capital.

Capital interest: Interés del capital.

Capital investment: Inversión de capital.

Capital investments: Inversiones de capital.

Capital market: Mercado de capital.

Capital recovery factor: Factor de recuperación del capital.

Capital reduction: Reducción del capital.

Capital reimbursement: Reembolso de capital.

Capital reserve: Capital a mantener. Reserva de capital.

Capital share: Cuota de capital.

Capital spending: Egresos de capital.

Capital stock: Capital social.

Capital stock surplus: Acciones de capital inflado.

Capital surplus: Superávit de capital.

Capital tax: Impuesto al capital.

Capital transaction: Transacción de capital.

Capital yield: Rendimiento de la inversión. Rendimiento patrimonial.

Capital. Principal: Capital.

Capitalizated interest: Interés capitalizado.

Capitalization: Capitalización.

Capitalization company: Sociedad de capitalización.

Capitalization factor: Factor de capitalización.

Capitalization laws: Leyes de capitalización.

Capitalization of the matured interest: Anatocismo.

Capitalization period: Período de capitalización.

Capitalization stocks: Acciones por capitalización.

Capitalized cost: Costo capitalizado.

Capitalized livestock: Hacienda capitalizada.

CAPS: CAPS.

Captation tax: Impuesto de capitación.

Carat. Small quantities: Quilate.

Cardinal number: Número cardinal.

Caribbean Community: Comunidad del Caribe.

CARICOM: CARICOM.

Cartel: Cártel.

Cash: A tocateja. Al contado. Caja. Cash.

Cash and banks: Caja y bancos. Disponibilidades. Existencia de caja.

Cash audit: Auditoría de caja.

Cash bond: Bono de caja.

Cash book: Diario de caja. Libro de caja.

Cash budget: Presupuesto de caja.

Cash count: Caja - arqueo de.

Cash differential: Diferencia de caja.

Cash discount: Descuento en efectivo.

Cash dividend: Dividendo en efectivo. Dividendo ordinario.

Cash flow: Flujo de caja en efectivo.

Cash flow budget: Presupuesto financiero.

Cash flow statement: Estado de fluir de fondos.

Cash flows: Flujos de efectivo.

Cash fund: Fondo de caja.

Cash method: Método de caja.

Cash on delivery: Pago contado inmediato.

Cash on hand: Disponibilidad inmediata.

Cash purchase: Compra al contado.

Cash register: Caja registradora.

Cash resource: Recurso de caja.

Cash shortage: Faltante de caja.

Cash statement: Estado de caja.

Cash transaction: Operación al contado.

Cash transactions: Operaciones de contado.

Cash value: Valor efectivo.

Cash voucher: Vale de caja.

Cash. Currency. Member: Numerario.

Cashier´s check: Cheque circular. Cheque de caja.

Cashing up. Cash count: Arqueo de caja.

Ceiling: Techo.

Cent: Centavo.

Central American Bank for Economic Integration: Banco Centroamericano de Integración Económica.

Central American Bank for Economic Integration: BCIE.

Central American Common Market: MCAC. Mercado Común Centroamericano. Mercado Común de América Central. Mercado Común de Centroamérica.

Central Bank: Banco Central. Banco de bancos.

Central Bank advances: Anticipos del Banco Central.

Central Bank of Argentine: BCRA. Banco Central de la República Argentina.

Central Banking: Banca central.

Certain income: Renta cierta.

Certificate: Certificado.

Certificate stock: Acción cartular. Certificado de acción.

Certificates of satisfaction of the debt: Certificados de cancelación de deuda.

Certificates of tax reimbursement: CRI. Certificados de reintegro de impuestos.

Certification: Certificación.

Certified Balance Sheet: Balance general certificado.

Certified check: Cheque certificado. Cheque conformado. Cheque visado.

Certified financial statement: Estado financiero certificado.

Certified liabilities: Pasivo certificado.

Chain of banks: Cadena de bancos.

Chairman´s report: Carta del presidente.

Change insurance: Cambio asegurado.

Change rate differential: Diferencia de cambio.

Change. Exchange. Barter: Cambio.

Charges on interests: Cargas por intereses.

Chart of accounts: Plan de cuentas.

Chartism: Chartismo.

Chattel. Movables. Personal Property: Bienes muebles.

Cheap money: Dinero barato.

Check: Ch. Cheque común. Chequeo.

Check (AmE). Cheque (BrE): Cheque.

Check book: Chequera.

Check book. Stub book: Talonario.

Check laundry: Cheque lavado.

Check register: Libro de cheques. Registro de cheques.

Check to bearer: Cheque al portador.

Check to credit in an account: Cheque para acreditar la cuenta.

Check to order: Cheque nominativo.

Checking account: Cuenta corriente bancaria.

Chronological entry: Registro cronológico.

CIF: CIF.

Circular Flow of Income: Flujo Circular de los Ingresos.

Circulating capital: Activo corriente neto. Capital en circulación.

Circulating liabilities: Pasivo flotante.

Civil contract: Contrato civil.

Civil obligation: Obligación civil.

Claim: Reclamación. Reclamo.

Clause which prohibits negotiability: Cláusula de no negociabilidad.

Clean: A sola firma.

Clearing: Clearing.

Clearing chamber: Cámara de compensación.

Clerk. Administrative: Administrativo / a.

Close. Closing: Cierre.

Closed: Cerrado.

Closed corporation: Sociedad anónima cerrada.

Closed credit: Crédito cerrado.

Closed-end investment company: Fondo común de inversión cerrado.

Closing balance: Saldo final.

Closing exchange rate: Tipo de cambio de cierre.

Closing of a bank account: Cierre de cuenta bancaria.

Closing of an account: Cierre del crédito.

Closing price: Precio de cierre.

CMEA (Council for Mutual Economic Assistance): CAEM.

Co-surety: Cofiador.

Cocreditor: Coacreedor.

Code: Código.

Codification. Numbered account: Numeración de cuenta.

Coefficient beta: Coeficiente beta.

Coefficient of restatement: Coeficiente de reexpresión.

Coefficient of stabilization of reform: Coeficiente de estabilización de reforma.

Coefficient of variation between dates: Coeficiente de variación entre dos fechas.

Coefficient of Variation of Wage: CVS.

Coefficient. Index. Ratio: Coeficiente.

Coin: Moneda metálica.

Coined money. Hard money: Dinero en metálico.

Collar: Collar. Cuello.

Collateral: Colateral.

Collateral guaranty bonds: Bonos de garantía colateral.

Collateral note: Pagaré prendario.

Collected profit: Resultado percibido.

Collectible: Cobrable.

Collection: Cobranza. Recaudación.

Collection action based on a negotia-

ble instrument: Acción cambiaria.

Collection percentage ratio: Índice de porcentaje de cobranza.

Collection ratio: Índice de plazo medio de cobranza por las ventas.

Collection service: Servicio de cobro.

Collections: Operación de cobranzas.

Collector: Agente de percepción. Cobrador. Recaudador.

Colportage: Colportage.

Combined financial statement: Estado financiero combinado.

COMECOM: COMECOM.

Comercial acronym: Sigla comercial.

Commerce. Trade: Comercio.

Commercial: Comercial.

Commercial accounting: Contabilidad patrimonial.

Commercial act: Acto mercantil.

Commercial agency: Agencia comercial.

Commercial association: Asociación comercial.

Commercial bank: Banco comercial.

Commercial banks: Bancos comerciales.

Commercial checking account: Cuenta corriente mercantil.

Commercial contract: Contrato comercial. Contrato mercantil.

Commercial domicile: Domicilio comercial.

Commercial instruments: Documentos comerciales.

Commercial paper: Commercial paper.

Commercial papers: Papeles comerciales.

Commercial papers: Papeles de comercio. Papeles de crédito. Papeles mercantiles.

Commission: Comisión.

Commitment: Compromiso.

Commodatum. Loan for use: Comodato.

Commodities: Commodities.

Commodity: Commodity.

Common liabilities: Pasivo común.

Common market: Mercado común.

Common stock. Ordinary share. Ordinary proceeding: Acción ordinaria.

Common stocks: Acciones comunes. Acciones ordinarias.

Common tax: Impuesto ordinario.

Commonwealth of Independent States (CIS): CEI. Comunidad de Estados Independientes.

Company: Empresa.

Compensated devaluation: Devaluación compensada.

Compensating free time: Tiempo de compensación.

Compensation agreement: Acuerdo de compensación.

Compensation interest: Interés resarcitorio.

Compensation. Offset: Compensación.

Competition: Concurrencia.

Complex financial transaction: Operación financiera compleja.

Composite capitalization: Capitalización compuesta.

Composition with creditors: Concurso de acreedores.

Composition with creditors. Arrangement with creditors to avoid bankruptcy: Concurso preventivo.

Compound discount: Descuento compuesto.

Compound financial documents: Instrumentos financieros compuestos.

Compound instrument: Instrumento compuesto.

Compound interest: Interés compuesto.

Compound interest amount: Monto a interés compuesto.

Compound interest method: Método del interés compuesto.

Comprehensibility: Comprensabilidad.

Compulsory saving. Compulsory tax: Ahorro forzoso.

Compulsory. Mandatory. Obligatory. Bond holder: Obligatorio.

Concealment of assets: Ocultamiento Del Activo.

Concentration: Concentración.

Concrete number: Número concreto.

Conditional obligation: Obligación condicional.

Confirmation: Confirmación.

Confirming: Confirming.

Conglomerate: Conglomerado.

Consignment: Consignación.

Consignment invoice: Factura de consignación.

Consignor: Comitente.

Consistency: Consistencia.

Consolidated Balance Sheet: Balance consolidado.

Consolidated financial statement: Estado financiero de consolidación.

Consolidated statements: Estados consolidados.

Consolidation: Consolidación.

Consolidation bonds: Bonos de consolidación.

Consolidation. Acquisition: Absorción.

Constant currency: Moneda constante. Moneda homogénea.

Constant currency budget: Presupuesto en moneda constante.

Consular invoice: Factura consular.

Consultancy agency: Consultora.

Consultant: Consultor.

Consumer goods: Bienes de consumo.

Consumer loan: Crédito de consumo.

Consumption livestock: Hacienda de consumo.

Consumption tax: Impuesto al consumo.

Contadora Group: Grupo Contadora.

Contango: Contango.

Contingent assets: Activo contingente.

Contingent financial transaction: Operación financiera contingente.

Contingent gain: Ganancia contingente.

Contingent liabilities: Pasivo contingente. Pasivo eventual.

Contingent liability: Obligación contingente.

Contingent profit/loss: Resultado eventual.

Continuous budget: Presupuesto continuo.

Contract of option: Contrato de opción.

Contract. Agreement: Contrato.

Contributing capacity: Capacidad contributiva.

Contribution: Aporte.

Contribution for improvements: Contribución de mejoras.

Contributions: Contribuciones.

Contributions for improvements: Contribuciones de mejoras.

Contributions in cash: Aportes dinerarios.

Control exchange market: Cambio controlado.

Control. Supervision: Fiscalización.

Controller: Controladora.

Conversion: Conversión.

Conversion price: Precio de conversión.

Conversion stocks: Acciones de conversión.

Convertibility: Convertibilidad.

Convertible bond: Bono convertible. Bono de conversión.

Convertible bond. Convertible debt: Obligación convertible.

Convertible bonds: Bonos convertibles.

Convertible corporate bond: Obligación negociable convertible.

Convertible debentures in stocks: Debentures convertibles en acciones.

Convertible preferred stock: Acciones preferidas convertibles.

Convertible stock: Acción convertible.

Convertible stocks: Acciones convertibles.

Cooperative association: Sociedad cooperativa.

Copy: Duplicado.

Copy. Duplicate invoice: Duplicata.

Corner: Acaparamiento. Corner.

Corporate agreement. Partnership agreement: Pacto (o contrato) de asociación.

Corporate bond: Obligación negociable.

Corporate bond. Private bond: Título privado.

Corporate capital: Haber social.

Corporate name: Nombre social.

Corporate name. Firm name: Razón social.

Corporate purpose. Partnership purpose: Objeto social.

Corporation: Sociedad por acciones.

Corporation defacto: Sociedad irregular.

Corporation tax: Impuesto sobre sociedades.

Corporation. Joint stock corporation. Business organization: Sociedad anónima.

Correspondent bank: Banco corresponsal.

Cost accounting: Contabilidad de costos.

Cost and freight: C&f.

Cost-benefit analysis: Análisis costo beneficio.

Cost by interests: Costo por intereses.

Cost flow: Flujo de costos.

Cost of capital: Costo de capital.

Cost of living: Costo de vida.

Cost of living index: Índice de costo de vida.

Cost of sales: Costo de ventas.

Cost of things transferred. Cession. Transfer. Balance carried over. Goods tranferred: Traspaso.

Costs savings: Ahorro de costos.

Council for Mutual Economic Cooperation: Consejo de Asistencia de Economía Mixta o Ayuda Económica Mutua.

Counter check: Cheque de mostrador.

Counter value: Contravalor.

Counterfeit money: Moneda falsa.

Counterfeit. Forged: Falsificado.

Counterfeiter. Forger: Falsificador.

Countersign: Refrendo.

Country: País.

Country house: Quinta.

Country of origin: País de origen.

Country risk: Riesgo país.

Coupon: Cupón. Vale de descuento.

Coupon clipping: Corte de cupón.

Coupon laundering: Lavado de cupón.

Coupon stripping: Coupon stripping.

Covenant. Agreement: Pacto.

Cover effectiveness: Eficacia de la cobertura.

Coverage or break-even point ratio: Índice de cobertura o punto de equilibrio.

Coverage. Cover: Cobertura.

Crash: Crash.

Crawling peg: Crawling peg.

Creation of the banking money: Creación del dinero bancario.

Credibility. Credit: Credibilidad.

Credit abuse. Excess credit: Abuso del crédito.

Credit balance: Saldo acreedor.

Credit bridge: Crédito puente.

Credit card: Tarjeta de compra. Tarjeta de crédito.

Credit cash: Caja de crédito.

Credit establishments: Establecimientos de créditos.

Credit expansion: Expansión de crédito.

Credit granted under extraordinary circunstances: Crédito extraordinario.

Credit instruments: Documentos de crédito.

Credit insurance: Seguro de crédito.

Credit interest: Intereses acreedores.

Credit line: Línea de crédito.

Credit line approval: Aprobación de créditos.

Credit line autorization: Autorización de crédito.

Credit line opening: Apertura de crédito.

Credit note: Documento de crédito.

Credit risk: Riesgo de crédito.

Credit securitization: Securitización del crédito.

Credit slip. Receipt: Comprobante de pago.

Credit standing: Solvencia crediticia.

Credit system: Sistema de crédito.

Credit. Increase. Right of survivorship: Acreencia.

Credit. Reputation. Loan: Crédito.

Creditor: Acreedor.

Creditor in a trust: Originante.

Creditor position: Posición acreedora.

Credits conversion: Conversión de créditos.

Credits in litigation: Créditos en gestión judicial.

Cross rates: Cross rates.

Crossed check: Cheque cruzado.

Crossed rates: Tasas cruzadas.

Cuasi money: Cuasi dinero. Cuasi moneda.

Cumulative: Acumulativo.

Cumulative dividend: Dividendo acumulativo.

Cumulative fund: Fondo de acumulación.

Currency: Divisa.

Currency arbitration: Arbitraje de divisas.

Currency Availability: Cambio abierto.

Currency gap: Brecha cambiaria.

Currency quotation: Cotización de divisas.

Currency swap: Swap de divisas.

Currency. Coin. Money: Moneda.

Current account advance: Adelanto en cuenta corriente.

Current account advance: Anticipo en cuenta corriente.

Current assets: Activo circulante. Activo corriente.

Current budget: Presupuesto corriente.

Current expenditure: Egresos corrientes.

Current expenses: Gasto corriente.

Current liabilities. Short-term liabilities: Pasivo corriente.

Current maturity: Vencimiento a corto plazo.

Current money budget: Presupuesto en moneda corriente.

Current net value: Valor actual neto.

Current payments: Pagos corrientes.

Current public spending: Gastos públicos corrientes.

Current security: Garantía corriente.

Current value: Valor corriente.

Current value. Present value: Valor actual.

Current yield: Rendimiento corriente.

Custodian: Custodio.

Custodian authority: Caja de valores.

Custody: Custodia.

Custody of securities: Custodia de títulos.

Customer. Client: Cliente.

Customer´s interest in a credit a bank grants to a third party at a fixed rate and maturity: Subparticipación.

Customs Barriers: Barreras aduaneras.

Customs Cooperation Council: Consejo de Cooperación Aduanera.

Customs duties· Arancel aduanero. Derechos de adua ia

Customs duty: Derecho de exportación. Derecho de importación. Impuesto aduanero.

Customs expenses: Gastos aduaneros.

Customs value: Valor en aduana.

Customs warehouse: Depósito aduanero.

Cutoff date: Fecha de corte.

D

Daily collection report: Planilla de ingresos.

Daily record: Diarización.

Daily. Journal: Diario.

Damage. Damaged item: Avería.

Damage. Loss: Daño.

Damages: Daños y perjuicio.

Data base: Banco de datos.

Data processing: Informática.

Date: Fecha.

Date for which there is sufficient evidentiary proof as to be effective as against third parties: Fecha cierta. Fecha determinada.

Dation of payment: Dación de pago.

Day or days of grace: Día o días de gracia.

De facto business organization: Sociedad de hecho.

Dead weight: Peso muerto.

Dealer: Agencia bursátil. Agencia de cambio.

Debacle: Debacle.

Debenture: Debenture.

Debenture holder: Debenturista.

Debenture register: Libro de registro de debentures.

Debentures redeemed by bidding: Debentures rescatados por licitación.

Debentures redemption profit/loss: Resultado rescate de Debentures.

Debentures with floating guaranty: Debentures con garantía flotante.

Debentures with ordinary guaranty: Debentures con garantía común.

Debentures with special guaranty: Debentures con garantía especial.

Debit: Debe.

Debit balance: Saldo deudor.

Debit card: Tarjeta de débito.

Debit memorandum: Nota de débito.

Debit slip: Nota de débito bancaria.

Debt: Deuda. Endeudamiento.

Debt collection agency: Agencia de cobranza.

Debt consolidation bonds to the state suppliers: Bonos de consolidación de deudas a proveedores del estado.

Debt security: Título de deuda.

Debt service: Servicio de la deuda.

Debt service ratio: Relación del servicio de la deuda.

Debtor: Deudor.

Debtors turnover ratio: Índice de rotación de créditos por ventas. Índice de rotación de deudores por ventas.

Deca: Deca.

Decade: Década. Decenio.

Decapitalization: Descapitalización.

Decimal: Decimal.

Decimal numeration: Numeración decimal.

Decisión marker: Decisor.

Declaration of bankruptcy: Declaración de quiebra.

Declared liabilities: Pasivo declarado.

Declared value. Stated value: Valor declarado.

Decrease: Reducción.

Decrease in profit: Declinación en la utilidad económica.

Decrease in value of a good or product: Minusvalía.

Decuple: Décuplo.

Deductible expenses: Gastos deducibles.

Deed: Escritura.

Default: Default.

Defect in title: Vicio de título.

Defect of form: Vicio de forma.

Defect of substance: Vicio de fondo.

Deferment: Diferimiento.

Deferred: Diferido.

Deferred check: Cheque de pago diferido.

Deferred dividend: Dividendo diferido.

Deferred payment index: Índice de pagos diferidos.

Deferred stocks: Acciones diferidas.

Deferred tax: Impuesto diferido.

Deffered income: Renta perpetua diferida.

Deficit: Déficit.

Deficit expediture: Gasto del déficit.

Deflation: Deflación.

Dehoarding: Desatesoramiento.

Delay: Atraso.

Delay in exchange: Atraso cambiario.

Delay in the collection: Atraso en la cobranza.

Delinquency. Default: Mora.

Delinquent debtor. Defaulter: Moroso.

Delinquent debtors: Deudores morosos.

Delivery note: Remito.

Delivery term: Plazo de entrega.

Demand deposit: Depósito a la vista.

Demand for money: Demanda de dinero.

Demand note: Documento a la vista. Obligación a la vista.

Demonetization of gold: Desmonetización del oro.

Demonetization of the economy: Desmonetización de la economía.

Denarius: Denario/a.

Departamental division: Departamentalización.

Dependent Variable: Variable dependiente.

Deport: Deport.

Deposit account: Cuenta a plazo.

Deposit banks: Bancos de depósito.

Deposit guaranty: Garantía de depósitos.

Deposit to the reciprocal or mutual order: Depósito a la orden recíproca o indistinta.

Deposit under the name of one person and to the order of another: Depósito a nombre de una persona y a la orden de otra.

Deposit. Store: Depósito.

Depositor. Bailor: Depositante.

Depository: Depositario.

Depreciable assets: Activo amortizable.

Depreciable bond in advance: Bono amortizable anticipadamente.

Depreciable bond with the income: 084

Bono amortizable con los ingresos.

Depreciable value: Valor amortizable.

Depreciated stock: Acción depreciada.

Depreciated value: Valor amortizado. Valor depreciado.

Depreciation adjustment: Actualización de depreciaciones.

Depreciation rate: Cuota de amortización. Tasa de depreciación.

Derivate instruments: Derivativos.

Derivative: Derivado. Derivativo de capital.

Derivative instruments: Instrumentos derivados. Instrumentos derivativos.

Derivative resources: Recursos derivados.

Design: Diseño.

Deterioration in value: Deterioro del valor.

Determinated tax: Impuesto determinado.

Devaluation: Desagio. Devaluación.

Development: Desarrollo.

Development zone: Zona de ensanche.

Differential interest: Intereses diferenciales.

Digit: Dígito.

Digital: Digital.

Digitizer: Digitalizadora.

Dillution: Dilución.

Direct circulating capital variation statement (or that of the source and application on funds): Estado de variaciones del capital corriente (o el de origen y aplicación de fondos) directo.

Direct debts: Deudas directas.

Direct financial market: Mercado financiero directo.

Direct investment: Inversión directa.

Direct investments: Inversiones directas.

Direct liabilities: Pasivo directo.

Direct quotation: Cotización directa.

Direct tax: Impuesto directo.

Director: Director.

Directors: Directivos.

Disbursing officer. Official payer: Pagador oficial.

Discipline: Disciplina.

Disclaimer opinion: Dictamen con abstención de opinión.

Discount: Descuento.

Discount operation: Operación de descuento.

Discount rate: Tasa de descuento.

Discount rate: Tasa de redescuento.

Discrepancy: Discrepancia.

Discreteness. Discretionary authority: Discrecionalidad.

Disfunction: Disfunción.

Disinflation: Desinflación.

Diskette: Disquete.

Dismantling: Desmantelamiento.

Dispatch invoice: Factura de despacho.

Dispersion: Dispersión.

Disposable income: Ingreso disponible.

Dissaving: Desahorro.

Dissolution of partnerships: Disolución de sociedades.

Distinctive: Distintivo.

Distraction: Distracción.

Distributable profit/loss: Resultado distribuible.

Distributed profit/loss: Resultado distribuido.

Distribution: Distribución.

Distribution of expenses: Distribución de costos. Distribución de gastos.

District attorney. Treasury Secretary. Fiscal: Fiscal.

Diversification of risk: Diversificación del riesgo.

Dividend: Dividendo.

Dividend in kind: Dividendo en especies.

Dividend payable: Dividendo a pagar. Dividendo prescripto.

Dividend receivable: Dividendo a cobrar.

Dividend tax: Impuesto sobre dividendos.

Dividend warrant: Certificado de dividendo.

Dividends capitalization: Capitalización de dividendos.

Divisible obligation: Obligación divisible.

Division: División.

Divisor: Denominador.

Doctrine: Doctrina.

Document: Instrumento.

Document. Promissory note: Documento.

Documentary credit: Crédito documentario.

Documentation: Documentación.

Dogmatic: Dogmático.

Dollar: Dólar.

Dollar transfer: Dólar transferencia.

Dollarization: Dolarización.

Domestic commerce: Comercio interior. Comercio interno.

Domestic indirect tax: Impuesto indirecto interno.

Domestic tax: Impuesto interno.

Domicile: Domicilio general. Domicilio ordinario. Domicilio.

Domicile for tax purpose: Domicilio fiscal.

Domicile of choice: Domicilio de origen. Domicilio legal. Domicilio real.

Donation: Donación.

Dossier: Dosier.

Double taxation: Doble imposición.

Dow Jones: Dow Jones.

Dow Jones index: Índice Dow Jones.

Down payment: Pago inicial.

Dowry: Dote.

Draft. Bill: Giro.

Draw back: Draw back.

Drawee: Girado. Librado.

Drawer: Girador. Librador.

Drip: Goteo.

Drop. Fall. Write off. Form declaring withdrawal from activities subject to

taxation. Cessation of business: Baja.

Dual-currency bo nd: Bono doble.

Dumping: Dumping.

Duopoly: Duopolio.

Duopony: Duopsonio.

Dupont: Dupont.

Dupont index: Índice de Dupont.

Durability: Durabilidad.

Duration. Working time. Life. Term: Duración.

Duty not to act. Obligation not to do something: Obligación de no hacer.

Duty to act. Obligation to do something: Obligación de hacer.

Dynamic analysis: Análisis dinámico.

E

Earned dividend: Dividendo ganado.

Earned interest: Intereses ganados.

Earned surplus: Superávit ganado.

Earning power: Poder de ganancia.

Earnings affection: Afectación de utilidades (o beneficios).

Easy money: Dinero fácil.

ECC (European Economic Community): CEE.

Economic activity: Actividad económica.

Economic area: Área económica.

Economic blockage: Bloque económico.

Economic Commision for Latin America and the Caribbean (ECLAC): CEPAL. Comisión Económica para América Latina y el Caribe.

Economic consolidation bonds: Bonos de consolidación económica.

Economic criminal law: Derecho penal económico.

Economic crisis: Crisis económica.

Economic cycle: Ciclo económico.

Economic group: Grupo económico.

Economic indicators: Indicadores económicos.

Economic interest group: Grupo de interés económico.

Economic man: Hombre económico. Homo oeconomicus.

Economic policy: Política económica.

Economic position: Situación económica.

Economic property: Bienes económicos.

Economic sciences: Ciencias económicas.

Economic situation: Coyuntura económica. Régimen económico.

Economic system: Sistema económico.

Economic value: Valor económico.

Economics dynamics: Dinámica económica.

Economist. Public Finance expert: Hacendista.

Economy. Economics: Economía.

ECOWAS (Economic Community of West African States): CEAO.

EEA (European Economic Area): AEE.

Effective exchange rate: Tasa de cambio efectivo. Tipo de cambio efectivo.

Effective interest rate: Tasa de corte.

Effective parity: Paridad efectiva.

Effective rates: Tasas efectivas.

Effective yield: Renta efectiva.

EFTA (European Free Trade Association): AELC.

Electronic wallet: Monedero electrónico.

Elements of a financial transaction: Elementos de una operación financiera.

Embezzlement: Peculado.

Emergency amortization: Amortización de emergencia.

Emerging markets: Mercados emergentes.

Emission date: Fecha de emisión.

Emitter: Emisor.

Employer: Patrono.

Employment. Hiring out of services: Locación de servicios.

EMU (European Monetary Union): EMU.

Endorsable: Endosable.

Endorsable note: Documento endosable.

Endorsed: Endosado.

Endorsee: Endosatario.

Endorsement: Endoso.

Endorsement check: Cheque - endoso.

Endorsor: Endosante.

Engel's coefficient: Coeficiente de Engel.

Entrepreneur: Empresario. Entrepreneur.

Entry: Asiento.

Entry. Registration office. Register: Registro.

Equalization payment: Pago por compensación.

Equalizing dividend: Dividendo de regularización.

Equilibrium exchange rate: Tipo de cambio de equilibrio.

Equities: Títulos de renta variable.

Equity method: Método equity.

Equity participation: Participación de capital.

Equity. Assets: Patrimonio.

Equity. Shareholding: Paquete accionario.

Equivalent document: Documento equivalente.

Equivalent rates: Tasas equivalentes.

Equivalent to the cash: Equivalentes al efectivo.

Errors and omissions excepted: Salvo error u omisión.

Establishment: Establishment.

Estimated recovery value: Valor probable de recupero.

Euro: Euro.

Euro market: Euromercado.

Eurobonds: Eurobonos. Eurobonds.

Eurocredit: Eurocredit.

Eurocurrency: Eurocurrency. Eurodivisa.

Eurodollar: Eurodólar.

Eurodollar market: Mercado de eurodólares.

Euroland: Eurolandia.

European Central Bank: Banco Central Europeo.

European Coal and Steel Community (ECSC): CECA. Comunidad Económica del Carbón y el Acero.

European Common Market: Mercado Común Europeo.

European Currency Unit: Ecu.

European Currency Unit: Unidad Monetaria Europea.

European Economic Area: Área Económica Europea.

European Economic Community: Comunidad Económica Europea.

European option: Opción sistema europeo.

European System of Central Banks: Sistema Europeo de los Bancos Centrales.

European Union: Unión Europea.

Evasion: Elusión.

Even number: Número par.

Ex ante investment: Inversión ex - ante.

Ex coupon: Ex cupón.

Ex-coupon value: Valor ex cupón.

Ex dividend: Ex dividendo.

Ex-dividend value: Valor ex dividendo.

Ex post investment: Inversión ex - post.

Ex rights: Ex derechos.

Exact duplicate: Duplicado exacto.

Excess profit tax: Impuesto sobre utilidades excedentes.

Exchange: Canje.

Exchange abstraction: Abstracción cambiaria.

Exchange arbitrage: Arbitraje cambiario.

Exchange balance: Balance cambiario.

Exchange check: Cheque de canje.

Exchange control: Control de cambio.

Exchange cover: Cobertura cambiaria.

Exchange lapse: Caducidad cambiaria.

Exchange loss: Pérdida por diferencia de cambio.

Exchange losses: Pérdidas de cambio.

Exchange market. Foreign exchange market: Mercado cambiario.

Exchange rate: Tasa de cambio. Tipo de cambio.

Exchange rate cover: Cobertura de cambio.

Exchange rate insurance: Seguro de cambio.

Exchange transactions: Operaciones cambiarias.

Exchangeable corporate bond: Obligación negociable canjeable.

Exchangeable voucher: Certificado canjeable.

Execution instrument: Título ejecutivo.

Execution proceeding: Vía ejecutiva.

Executive: Ejecutivo.

Executor. Executrix: Albacea.

Exempt from tax: Exento de impuesto.

Exempt income: Ganancia exenta.

Exemption: Exención.

Eximbank: Eximbank.

Expected value: Valor de ingreso esperado.

Expected value of a product subject to depreciation: Valor de ingreso esperado de un producto sujeto a depreciación.

Expenditure . Disbursement: Salida.

Expenditures report: Planilla de egresos.

Expense. Expenditure: Gasto.

Expenses indexes: Índices de gastos.

Expenses public of unilateral transferences: Gastos públicos de transferencias unilaterales.

Expert: Experto. Perito.

Expert accountant: Perito contador.

Expiration: Caducidad.

Explicit financial charges: Componentes financieros explícitos.

Explicit interest: Interés explícito.

Export credit bonds: Bonos de crédito a la exportación.

Export credit insurance: Seguro de crédito a la exportación.

Export dollar: Dólar exportación.

Export reimbursement: Reembolso de exportación.

Exportation: Exportación.

Exports withholdings: Retención a las exportaciones.

Expropiation: Expropiación.

Extensive investments: Inversiones de expansión.

External aid: Ayuda externa.

External bonds: Bonos externos.

External documents: Comprobantes externos.

External financial resources: Fuentes de financiamiento externo.

External financing: Financiamiento externo.

External indirect tax: Impuesto indirecto externo.

Extinguishment: Extinción. Prescripción.

Extra dividend: Dividendo complementario. Dividendo ex ra.

Extra. Extra something or little gift given as thanks: Yapa.

Extractive industry: Industria extractiva.

Extraordinary dividend: Dividendo extraordinario.

Extraordinary expenses. Non-recurring expenses: Gastos extraordinarios.

Extraordinary gain: Ganancia extraordinaria.

Extraordinary gain tax: Impuesto a las ganancias eventuales. Impuesto a los beneficios eventuales.

Extraordinary losses: Pérdidas extraordinarias.

Extraordinary profit/losses: Resultados extraordinarios.

Extraordinary resources: Recursos extraordinarios.

Extraordinary service rate: Tasa de servicio extraordinario.

088**Extraordinary tax:** Impuesto extraordinario.

F

FAB: FAB.

Facilities: Facilidades.

Factor of adjustment: Factor de actualización.

Factoring: Factoring.

Factors analysis: Análisis factorial.

Factors of production: Factores de la producción.

Fair rate: Tasa justa.

False notes: Billetes falsos.

FAO: FAO.

Farm bond: Bono verde.

Farm industry: Agroindustria.

FAS: FAS.

Fatigue: Fatiga.

Favorable balance: Saldo a favor.

Favorable qualified determined opinion: Dictamen favorable con salvedades determinadas.

Favorable qualified opinion: Dictamen favorable con salvedades.

Favorable qualified undetermined opinion: Dictamen favorable con salvedades indeterminadas.

Fax: Fax.

Federal Administration of Public Revenues: AFIP. Administración Federal de Ingresos Públicos en la Argentina.

Federal funds: Federal funds.

Federal reserve: Reserva federal.

Federal Reserve Bank: Banco de la Reserva Federal.

Federal Reserve System: Federal Reserve System.

Fee: Arancel.

Feedback: Feedback.

Fees: Dietas.

Fiat money. Fiduciary issue: Moneda fiduciaria.

Fictitious assets: Activo ficticio.

Fictitious or inflated income: Ganancia ficticia o inflada.

Fictitious payment: Pago ficticio.

Fiducia: Fiducia.

Fiduciary circulation: Circulación fiduciaria.

Fiduciary money: Dinero fiduciario.

Figure: Cifra.

Final dissolution of partnerships: Disolución total de sociedades.

Final dividend: Dividendo definitivo.

Final surplus of the fiscal year: Superávit final del período o ejercicio.

Finance: Finanzas.

Finance and Direction: Finanzas y control.

Finance company: Sociedad financiera.

Finance market: Mercado financiero.

Financial accounting: Contabilidad financiera. Contabilidad general.

Financial activities: Actividades de financiación.

Financial activity: Actividad financiera.

Financial administration: Administración financiera.

Financial administrator: Administrador financiero.

Financial agency: Agencia financiera.

Financial agent: Agente financiero.

Financial amortization: Amortización financiera.

Financial analysis: Análisis financiero.

Financial assets: Activo financiero.

Financial assets: Activos financieros.

Financial assets with explicit yield: Activos financieros con rendimiento explícito.

Financial assets with implicit yield: Activos financieros con rendimiento implícito.

Financial assets with yields: Activos financieros con rendimientos.

Financial authority advance: Anticipo de la autoridad monetaria.

Financial calculation: Cálculo financiero.

Financial capacity: Capacidad financiera.

Financial capacity ratio: Índice de autonomía financiera.

Financial charges: Cargas financieras. Componentes financieros.

Financial cost: Costo financiero.

Financial cover: Cobertura financiera.

Financial discount: Descuento financiero.

Financial documents: Instrumentos financieros.

Financial entities: Entidades financieras.

Financial expenses: Gastos financieros.

Financial flow: Flujo financiero.

Financial information: Información financiera.

Financial innovation: Innovación financiera.

Financial institution: Institución financiera.

Financial intermediaries: Intermediarios financieros.

Financial intermediary: Intermediario financiero.

Financial investment: Inversión financiera.

Financial law: Derecho financiero.

Financial lease: Leasing financiero.

Financial lease, capital lease: Arrendamiento financiero.

Financial leverage, gearing, leverage effect: Apalancamiento.

Financial liabilities: Pasivo financiero.

Financial management: Gerencia financiera.

Financial margin: Margen financiero.

Financial market: Mercado financiero.

Financial market not operating according to monetary authority´s regulations: Mercado financiero no institucionalizado.

Financial market operating according to monetary authority´s regulations: Mercado financiero institucionalizado.

Financial mathematics: Matemática financiera.

Financial opening: Abertura financiera.

Financial policy: Política financiera.

Financial position: Posición financiera. Situación financiera.

Financial profit/losses: Resultados financieros.

Financial ratio: Relación financiera.

Financial reason: Razón financiera.

Financial renegotiation: Renegociación financiera.

Financial report: Informe financiero.

Financial repression: Represión financiera.

Financial resource: Recurso financiero.

Financial resources: Fuentes de financiamiento.

Financial science: Ciencia financiera.

Financial services: Servicios financieros.

Financial statement: Estado de situación patrimonial. Estado económico. Estado financiero. Situación patrimonial.

Financial statement indexes: Índices de análisis contable.

Financial statements: Estados contables.

Financial statements audit: Auditoría de estados contables.

Financial statements information: Información contable.

Financial structure: Estructura financiera.

Financial transaction: Operación financiera.

Financial trust: Fideicomiso financiero.

Financial year: Año financiero.

Financier. Financial: Financiero.

Financing: Financiación. Financiamiento.

Financing capital assets index: Índice de financiación de los activos inmovilizados.

Financing of exports: Financiación de exportaciones.

Fine. Penalty: Multa.

Firm: En firme. Firme.
Firm positioning: Colocación firme.
Fiscal accuracy: Precisión fiscal.
Fiscal administration: Administración fiscal.
Fiscal amnesty: Amnistía fiscal.
Fiscal arbitration: Arbitraje fiscal.
Fiscal blockage: Bloqueo fiscal.
Fiscal charges: Cargas fiscales.
Fiscal deficit. Fiscal spending: Déficit fiscal.
Fiscal incidence: Incidencia fiscal.
Fiscal law: Derecho fiscal.
Fiscal period: Ejercicio fiscal.
Fiscal period: Período fiscal.
Fiscal sacrifice: Sacrificio fiscal.
Fiscal surplus: Superávit fiscal.
Fiscal transparency, look through regime: Transparencia fiscal.
Fiscal year: Año comercial. Año económico.
Fiscal year (FY), tax year: Año fiscal.
Fiscal year profit/loss: Resultado del ejercicio.
Fiscal zone. Tax district: Zona fiscal.
Five-year: Quinquenal.
Five-year period: Quinquenio.
Fixed assets: Activo fijo.
Fixed budget: Presupuesto estático.
Fixed capital: Capital fijo. Capital inmovilizado.
Fixed cost: Costo fijo.
Fixed exchange rate: Cambio fijo.
Fixed expenses: Gastos fijos.
Fixed fund: Fondo fijo.
Fixed income: Renta fija.
Fixed interest: Interés fijo
Fixed interest credit: Crédito a interés fijo.
Fixed interest rates: Tasa de interés fija.
Fixed interest securities: Títulos de renta fija.
Fixed investment: Inversión fija.
Fixed liabilities: Pasivo fijo.

Fixed point: Punto fijo.
Fixed term: Plazo cierto. Plazo fijo.
Fixed term bonds: Bonos a plazo fijo.
Fixed term deposit: Depósito a plazo fijo.
Fixed term deposit en pesos: Depósito a plazo fijo en pesos.
Fixed term deposit free rate: Depósito a plazo fijo tasa libre.
Fixed term deposit in dollars: Depósito a plazo fijo en dólares.
Fixed term deposit regulated rate: Depósito a plazo fijo tasa regulada.
Flag: Bandera.
Flat tax: Impuesto fijo.
Flexible budget: Presupuesto flexible.
Flight of capital: Fuga de capitales.
Floating: Flotante.
Floating debt: Deuda flotante.
Floating exchange rate: Cambio sucio.
Floating interest rate: Tasa de interés flotante. Tasa de interés variable.
Floating rate: Tasa flotante.
Floating security interest: Garantía flotante.
Floor: Floor.
Floors: Floors.
Flow chart: Cursograma. Diagrama de flujo.
Fluctuation. Oscillation: Oscilación.
FOB: FOB.
FOB: LAB.
Food and Agriculture Organization: Organización de las Naciones Unidas para la Agricultura y la Alimentación.
For profit: Ánimo de lucro.
"For value" and "agreed amount" clause: Cláusula de "valor en cuenta" y "valor entendido".
Forced loan: Empréstito forzoso.
Foreign bank: Banca extranjera.
Foreign borrowing: Empréstito externo.
Foreign commerce. Foreign trade: Comercio exterior.
Foreign company: Empresa extranjera.

Foreign confirmation: Confirmación externa.

Foreign currency budget: Presupuesto en moneda extranjera.

Foreign currency debt ratio: Índice de endeudamiento en moneda extranjera.

Foreign debt: Deuda externa.

Foreign exchange market: Mercado de cambio.

Foreign exchange reserves: Reservas externas.

Foreign exchange risk: Riesgo cambiario.

Foreign investment: Inversión extranjera.

Forest activity: Actividad forestal.

Forged check: Cheque falsificado.

Forgery. Falsification. Counterfeit: Falsificación.

Formal organization: Organización formal.

Formal secondary market: Mercado secundario formal.

Formulas: Fórmula.

Fortune. Wealth: Fortuna.

Forward: Forward.

Forward contract: Forward contract.

Forward Exchange market: Mercado cambiario a término.

Forward financial transaction: Operación financiera a término cierto.

Forward market: Mercado a plazo.

Forward transaction: Operación a futuro. Operación a término.

Forward transactions: Operaciones a plazo.

Foundation. Premises: Establecimiento.

Founder's shares: Acciones de fundador. Bonos de fundador. Partes de fundador.

Four-month: Cuatrimestral.

Four-month period: Cuatrimestre.

Fraction: Fraction. Número fraccionario.

Fractional: Fraccionado.

Franchising: Franchising.

Fraudulently: Fraudulentamente.

FRB: FRB.

Free and clear certificate: Certificado de libre deuda.

Free funds: Fondos libres.

Free market exchange rate: Cambio libre.

Free on board: Franco vagón. Libre a bordo. Free on board.

Free par of exchange: Paridad cambiaria libre.

Free reserve: Reserva libre.

Free surplus: Superávit libre.

Free tax area: Área franca.

Free Trade Agreement of the Americas: Asociación de Libre Comercio de las Américas.

Free Trade European Association: Asociación Europea de Libre Comercio.

Free Trade Latin American Association: Asociación Latinoamericana de Libre Comercio.

Free trade zone: Zona de libre comercio.

Free zone: Zona franca.

Freeze: Congelación.

Frozen account: Cuenta congelada.

Frozen assets: Activo congelado.

Frozen assets index for net worth: Índice de inmovilización del activo fijo sobre el patrimonio neto.

Frozen credit index for total assets: Índice de inmovilización de créditos sobre el activo total.

Frozen fixed assets index for total assets: Índice de inmovilización del activo fijo sobre el activo total.

Frozen funds: Fondos bloqueados.

Full paid and issued stocks. Stocks released: Acciones liberadas.

Full payment: Pa,ıc 'otal.

Function of investment: Función de inversión.

Function of saving: Función de ahorro.

Fund: Fund.

Fund basket: Cesta de fondo.

Fund movement analysis: Análisis de movimiento de fondos.

Funds gap: Brecha de fondos.

Funds of reptiles: Fondos de reptiles.

Future exchange rate: Tipo de cambio futuro.

Futures: Futuros.

Futures contract: Contrato de futuros.

Futures contract. Forward transaction: Operación a plazo.

Futures exchange market: Mercado cambiario futuro.

Futures market: Mercado a futuro.

Futures market: Mercado de futuros.

Futures market. Forward market: Mercado a término.

G

Gain. Earnings. Profit: Ganancia.

Gallon: Galón.

Gantt chart: Diagrama de Gantt.

Gantt graph: Gráfica de Gantt.

Gap: Gap.

GATT: GATT.

General Agreement on Tariffs and Trade (GATT): Acuerdo General sobre Aranceles Aduanero y Comercio.

General Balance Sheet: Balance general.

General budget: Presupuesto general.

General creditors: Acreedores comunes.

General director: Director general.

General journal: Diario general.

General partnership: Sociedad colectiva.

General principle on state budget: Principios generales del presupuesto estatal.

Generally accepted accounting principles: Normas contables profesionales.

Generally accepted technical-accounting principles for the preparation of financial statements: Principios y normas técnico–contables generalmente aceptados para la preparación de estados financieros.

Generally or specially crossed check: Cheque cruzado en general o en especial.

Geometric progression: Progresión geométrica.

Giral money. Giral Currency: Moneda giral.

Giro. Money order: Giro postal.

Given loan: Crédito asignado.

Global demand: Demanda global.

Globalization: Globalización.

Gloves: Guantes.

Going concern: Fondo de comercio.

Going rate: Tipo de cambio vigente.

Gold coin: Moneda de oro.

Gold reserves: Reservas de oro.

Gold standard: Patrón oro.

Gold. Wealth: Oro.

Good standing corporation: Sociedad regular.

Goods: Merchandía.

Goods. Merchandise: Mercadería.

Goods. Merchandise. Commodity: Mercancía.

Goodwill stocks: Acciones de llave.

Government bond: Título de la deuda pública. Título público.

Government contract (with administrative body): Contrato administrativo.

Government investment: Inversión pública.

Government securities. Government bonds: Títulos públicos.

Grace day: Día de gracia.

Grace period: Período de gracia.

Grace period. Respite: Espera.

Grain Market. Corn exchange: Bolsa de cereales.

Gratuitous: Gratuito.

Gratuitous stocks: Acciones gratuitas.

Gratuitous title: Título gratuito.

Gratuity: Propina.

Green zone: Zona verde.

Gross: Gruesa.

Gross Domesic Product per Capita: Producto Bruto Interno per Cápita.

Gross income: Ahorro bruto. Renta bruta.

Gross income application: Aplicación del ingreso bruto.

Gross income tax: Impuesto a los ingresos brutos.

Gross interest: Interés bruto.

Gross interest rate: Tasa de interés bruta.

Gross margin: Margen bruto.

Gross National Product: Producto Nacional Bruto.

Gross profit: Ganancia bruta de ventas.

Gross profit: Ganancia bruta.

Gross profit ratio for costs on sales: Índice de utilidad bruta sobre costo de ventas.

Gross profit ratio for sales: Índice de utilidad bruta sobre ventas.

Gross profitability ratio related to sales: Índice de rentabilidad bruta en relación a ventas.

Gross return: Rédito bruto.

Grossing-up: Grossing-up.

Group insurance: Seguro colectivo.

Group of banks: Grupo de bancos.

Group of companies: Grupo de empresas.

Group of Fifteen: Grupo de los Quince.

Group of Seven: ʒr ıpo de los Siete.

Group of Ten: Grupo de los Diez.

Group of Three: Grupo de los Tres.

Guarantee: Garantizado.

Guaranteed: Avalado.

Guaranteed bond: Bono garantizado.

Guaranteed check: Cheque garantizado.

Guaranteed credit arrangement: Acuerdo de crédito revolvente.

Guaranteed creditor: Acreedor garantizado.

Guaranteed dividend: Dividendo garantizado.

Guarantor: Avalista.

Guaranty: Aval.

Guaranty bonds: Bonos de garantía.

Guaranty endorsement: Endoso de garantía.

Guaranty insurance: Seguro de caución.

Guaranty of commercial transactions: Fianza mercantil.

Guaranty. Guarantee: Garantía.

Guidelines. Instructions: Directriz.

Gulf Cooperation Council: Consejo de Cooperación del Golfo.

H

Hang Seng index: Índice Hang Seng.

Hard currency: Moneda fuerte.

Head tax: Impuesto per cápita.

Headquarters. Place of business: Sede.

Hedger: Hedger.

Hedging: Hedging.

Hidden activity: Actividad oculta.

Hidden reserve: Reserva oculta.

High finances: Altas finanzas.

High. Stop: Alto.

Holder. Bearer. Payee: Tenedor.

Holder. Regular. Named person, person who holds a position or practices a profession in his own name and right: Titular.

Holders of guaranty: Tenedores de aval.

Holding: Holding.

Holding company: Tenedora.

Holes: Agujeros.

Holiday: Día feriado. Día festivo.

Holograph: Hológrafo.

Horizontal percentages: Porcentajes horizontales.

Hot money: Dinero caliente.

I

"I say" means I rectify from a mistake I have made when writing figures or words in checks, contracts, books, etc: Digo.

IAS (International Accounting Standards): NIC.

IBOR: IBOR.

IBRD (International Bank for Reconstruction and Development): BIRF.

Idle money: Dinero ocioso.

Illegal: Ilegal.

Illegality: Ilegalidad.

Illicit: Ilícito.

Illicit transaction. Shop: Negociado.

Illiquidity: Iliquidez.

ILO: OIT.

IMF: FMI.

Immediate cash transactions: Operación de contado inmediato.

Impact of imposition: Impacto de imposición.

Implicit exchange rate: Tipo de cambio implícito.

Implicit financial charges: CFI. Componentes financieros implícitos.

Implicit interest: Interés implícito.

Implicit prices: Precios implícitos.

Implied receipt: Recibo virtual.

Import dollar: Dólar importación.

Importation. Import: Importación.

Importation's overbilling: Sobrefacturación de importaciones.

Importer: Importador.

Imposition annuity: Anualidad de imposición.

Imprescriptible: Imprescriptible.

Imprescriptible action: Acción imprescriptible.

Improper reserve: Reserva impropia.

Imputable interest: Interés imputable.

Imputed payment: Pago imputado.

In Argentine, index of dollar to future: Indol.

In cash: Pecuniariamente.

In securities, the adjustment of the customers purchase and sale orders, among brokers, on the price fixed by the market during its operations: Operación de compensación.

In stock: En existencia.

In the red: Números en rojo.

Inactive money: Dinero estéril. Dinero inactivo.

Inalienable: Inalienable.

Incinerated debentures: Debentures incinerados.

Income: Ingreso.

Income collected in advance: Rentas percibidas por adelantado.

Income distribution: Distribución del ingreso.

Income statement: Estado de ingreso.

Income Tax: Impuesto a la renta. Impuesto a las ganancias. Impuesto a los réditos. Impuesto por cédula. Impuesto sobre la renta.

Income tax return: Declaración fiscal.

Incorporation rate: Tasa de constitución.

INCOTERMS: INCOTERMS.

Increase: Acrecentamiento. Incremento.

Increasing yield: Rendimiento creciente.

Independent audit. External audit: Auditoría externa.

Independent Variable: Variable independiente.

Index: Índice.

Index "Enlace" in Mexico gives a vision on the conditions of fixed income market and expenses and a clear interest rate trend: Índice Enlace.

Index number: Número índice.

Index of quotation value books: Índice de cotización valor - libros.

Index of stock-exchange capitalization: Índice de capitalización bursátil.

Index of utilities by action: Índice de utilidades por acción.

Indexation: Actualización monetaria. Indexación.

Indexes: Índices.

Indirect circulating capital variation statement (or that of the source and application on funds): Estado de variaciones del capital corriente (o el de origen y aplicación de fondos) indirecto.

Indirect cost: Costo indirecto.

Indirect debts: Deudas indirectas.

Indirect investment: Inversión indirecta.

Indirect investments: Inversiones indirectas.

Indirect liabilities: Pasivo indirecto.

Indirect quotation: Cotización indirecta.

Indirect tax: Impuesto indirecto.

Individual: Persona de existencia visible.

Individual company: Empresa individual.

Individual insurance: Seguro individual.

Individual order. Individual account: Orden individual.

Individual proprietorship: Hacienda autónoma.

Indivisible obligation: Obligación indivisible.

Induced investment: Inversión inducida.

Industrial: Industrial.

Industrial activity: Actividad industrial.

Industrial banks: Bancos industriales.

Industrial shares: Acciones de trabajo.

Industrialism: Industrialismo.

Industrialización: Industrialización.

Industry: Industria.

Infant industries: Industrias jóvenes.

Inflation: Inflación.

Inflation rate: Tasa de inflación.

Inflationary tax: Impuesto inflacionario.

Informal organization: Organización informal.

Inheritance tax: Impuesto a la herencia. Impuesto sucesorio.

Initial yield: Rendimiento esperado.

Inland bill of exchange: Letra de plaza.

Innovation investments: Inversiones de innovación.

Inopportuneness. Irrelevancy: Improcedencia.

Insider: Insider.

Insolvency: Insolvencia.

Insolvent: Insolvente.

Insolvent debtor: Deudor insolvente.

Inspección General de Justicia (Office of the Inspection Board of Legal Entities in Argentina): IGJ. Inspección General de Justicia.

Installment purchase: Compra a plazo.

Installment sale: Venta a plazos.

Installment. Tax rate. Share: Cuota.

Institution operating not according to the Central Bank regulations: Mesa de dinero.

Instrument books: Libro de documentos.

Instrument for collection: Valor al cobro.

Insurable value: Valor asegurable.

Insured exchange rate: Tipo de cambio asegurado.

Insurer: Asegurador - a.

Insuring bank: Banco asegurador.

Intangible assets: Activo intangible.

Intangible fixed assets: Activo fijo intangible.

Integer. Whole number: Número entero.

Integration in kind: Integración en especie.

Integration in money: Integración dineraria.

Integration in stock: Integración de acciones.

Integration. Merger: Integración.

Intention: Dolo.

Inter-American Development Bank: BID. Banco Interamericano de Desarrollo.

Inter-company market: Mercado interempresario.

Interbank market: Mercado interbancario.

Interbank rate: Tasa interbancaria.

Interest: Interés.

Interest coverage: Cobertura de intereses.

Interest for delinquency. Interest in arrears: Interés por mora.

Interest for mortgage: Intereses hipotecarios.

Interest free: Sin intereses.

Interest in advance: Interés adelantado.

Interest rate: Interés corriente. Tasa de interés.

Interest rate components: Componentes de la tasa de interés.

Interest rate risk: Riesgo de tasa de interés.

Interest rate swap: Swap de tasas de interés.

Interest to mature: Intereses a vencer.

Interests income: Renta de intereses.

Interim dividend: Dividendo anticipado. Dividendo provisional. Dividendo provisorio.

Intermediary: Agente comercial.

Internacional clearing: Clearing internacional.

Internal audit: Auditoría interna.

Internal debt: Deuda interna.

Internal documents: Comprobantes internos.

Internal financial resources: Fuentes de financiamiento propio.

Internal financing: Financiamiento interno.

Internal loan: Empréstito interno.

Internal market: Mercado interno.

Internal opinion: Dictamen interno.

Internal rate of retur: Tasa interna de retorno.

Internal Revenue Service in Argentina: DGI. Dirección general impositiva.

Internal taxes: Impuestos internos.

International Accounting Standards: IAS. Normas Internacionales de Contabilidad.

International Accounting Standards Commitee: IASC.

International Bank: Banco Internacional.

International Bank for Reconstruction and Development: Banco Internacional de Reconstrucción y Fomento.

International Chamber of Commerce: Cámara de Comercio Internacional.

International Commerce Terms: International Commerce Terms.

International Development association: AIF.

International Development Association: Asociación Internacional de Fomento.

International double taxation: Doble imposición internacional.

International Federation of Accountants: IFAC. Federación Internacional de Contadores.

International Labor Organization: Organización Internacional del Trabajo.

International law: Derecho internacional.

International Monetary Fund (IMF): Fondo Monetario Internacional.

International tax law: Derecho internacional tributario.

Intransferrable: Intransferible.

Inventory: Inventario.

Inventory and balance sheet: Libro inventario y balances.

Inventory index for circulating capital: Índice de inventario sobre capital corriente.

Inventory turnover ratio: Índice de rotación de los inventarios.

Inventory turnover ratio for current capital: Índice de rotación del inventario sobre capital corriente.

Inverted market: Mercado invertido.

Invested capital: Capital invertido.

Investment: Inversión.

Investment and Growth Bonds: BIC.

Investment banks: Bancos de inversión.

Investment budget: Presupuesto de inversión.

Investment Common Fund: FCI. Fondos Comunes de Inversión.

Investment decis'c ns: Decisiones de inversión.

Investment in securities: Inversiones en valores.

Investment multiplier: Multiplicador de la inversión.

Investment recovery period: Período de recuperación de la inversión.

Investment trust: Sociedad de inversión.

Investments and growth bond: Bonos de inversión y crecimiento.

Investor: Inversor.

Investors: Inversores.

Invisible imports: Importaciones invisibles.

Invoice approved by the payor. Duplicate invoice: Factura conformada.

Invoice date: FF.

Invoice. Bill: Factura.

Invoices journal: Registro de facturas.

Invoicing. Sales volume. Invoicing department: Facturación.

Involuntary bankruptcy: Quiebra a pedido del acreedor. Quiebra necesaria.

IRR (Internal Rate of Return): TIR.

Irredeemable b(r.d: Obligación no amortizable.

Irredeemable bonds: Títulos no amortizables.

Irregular endorsement: Endoso irregular.

Issue: Emisión.

Issue above par: Emisión sobre la par.

Issue at par: Emisión a la par.

Issue below par: I :misión bajo la par.

Issuing bank: Banco de emisión.

J

Jargon: Jerga.

Jobber: Jobber.

Join liability. Community: Mancomunidad.

Joint and several: Solidario.

Joint and several obligation: Obligación mancomunada solidaria.

Joint checking account: Cuenta corriente conjunta.

Joint creditor: Acreedor solidario.

Joint obligation: Obligación conjunta. Obligación mancomunada.

Joint order: Orden conjunta.

Joint-order deposit: Depósito a la orden conjunta.

Joint signature: Firma conjunta.

Joint venture: UTE. Sociedad accidental o en participación. Conjunto económico.

Journal. Daybook: Libro diario.

Judicial check: Cheque judicial.

Junk bonds: Bonos basura.

K

Kaffirs: Kaffirs.

Key industry: Industria clave.

Kilo: Kili. Kilo.

Kospi index: Índice Kospi.

L

Lack of provision: Imprevisión.

Laffer curve: Curva de Laffer.

Landed. Cattle rancher: Hacendado.

Lapsed stocks: Acciones caducas.

Lapsing of the mortgage registration: Caducidad de la inscripción de la hipoteca.

Late filling penalty: Recargo por mora en la presentación de una declaración.

Latin-American Economic System: Sistema Económico Latinoamericano.

Latin American Integration Asso-

ciation: ALADI. Asociación Interamericana de Integración.

Law of the great numbers: Ley de los grandes números.

League. Alliance: Liga.

Lease: Arrendamiento. Locación.

Lease of personal properly: Locación de cosas muebles.

Lease of real properly: Locación de inmuebles.

Lease of securities: Locación financiera.

Leasing: Leasing.

Legal accounting: Contabilidad legal.

Legal accounting principles: NCL.

Legal accounting standards: Normas contables legales.

Legal act that creates an interest in properly in favor of a person: Activo constitutivo. Acto constitutivo.

Legal authority (of a public official to authenticate documents): Fe pública.

Legal capacity: Personería jurídica.

Legal currency: Moneda efectiva.

Legal currency. Legar tender: Moneda de curso legal.

Legal financial business: Negocio jurídico financiero.

Legal interest: Intereses legales.

Legal money: Dinero legal.

Legal reserve: Reserva estatutaria. Reserva legal. Reserva obligatoria.

Legal tender: Curso forzoso. Curso legal. Dinero de curso legal.

Legal tender. Lawful money: Moneda corriente. Moneda legal.

Legal tender. Legal currency: Moneda legítima.

Legal. True: Legal.

Legder assets: Activo en libros.

Legitimate profit: Ganancia legítima.

Legitimate tittle (to property): Justo título.

Lender: Prestamista.

Lending limit: Lending limit.

Lending rate: Tasa de interés activa.

Lerner index: Índice de Lerner.

Lessee: Arrendatario. Locatario.

Lessor: Arrendador. Locador.

Letter of credit: Carta de crédito.

Level of economic activity: Nivel de actividad económica.

Leverage: Efecto palanca. Palanca. Palanqueo.

Leverage effect: Palanca - efecto.

Levying. Extortion: Exacción.

Liabilities: Pasivo exigible. Pasivo.

Liabilities provisions: Previsiones de pasivo.

Liabilities-structure of: Pasivo - composición del.

Liable for third party debt. Surety: Responsable por deuda ajena.

LIBOR: Tasa LIBOR.

Lien: Derecho de retención.

Lien creditor: Acreedor privilegiado.

Life annuity: Anualidad vitalicia.

LIFO: UEPS.

Like kind exchange contributions: Aportes en especie.

Limitations: Restricciones.

Limited corporation: Sociedad limitada.

Limited liability partnershhip: Sociedad de responsabilidad limitada.

Limited partnership: En comandita. Sociedad en comandita.

Limited partnership by shares: Sociedad en comandita por acciones.

Limited term: Duración limitada.

Line of business: Giro en negocio.

Line of poverty: Línea de pobreza.

Liquid: Líquido.

Liquid asset: Cantidad liquida. Activo líquido.

Liquid funds: Fondos líquidos.

Liquidation date: Fecha de liquidación.

Liquidation dividend: Dividendo de liquidación.

Liquidation value. Break-up value: Valor de liquidación.

Liquidation. Clearance sale. Assessment. Settement. Close out: Liquidación.

Liquidity: Liquidez.

Liquidity mechanism: Mecanismo de liquidez.

Liquidity ratio: Tasa de liquidez.

Liquidity ratios: Liquidez - índices.

Liquidity risk: Riesgo de liquidez.

Listed stocks: Acciones con cotización.

Listing value: Valor de cotización.

Livestock. Cattle breeding: Ganadería.

Livestock. Cattle. Earned: Ganado.

Loan: Préstamo.

Loan business: Negocio de préstamos.

Loan granted for repairing fixed assets: Crédito refaccionario.

Loan in securities: Préstamo en valores.

Loan secured by a pledge: Crédito prendario.

Loans priority: Prelación de créditos.

Lobby: Lobby.

Local bank: Banco local.

Local currency. .e, al currency: Moneda nacional.

London Interbank Bid Rate: LIBID.

London Interbank Offered Rates: London Interbank Offered Rates.

London Interbanking Bitrate: London Interbanking Bidrate.

Long: Estar comprado.

Long position: Posición larga.

Long term: Largo plazo.

Long-term credit: Crédito a largo plazo.

Long-term creditors: Acreedores a largo plazo.

Long-term debt: Deuda a largo plazo.

Long-term liabilities: Pasivo a largo plazo. Pasivo exigible a largo plazo. Pasivo no corriente. Pasivo permanente.

Long-term liquidity ratio: Índice de liquidez a largo plazo.

Long term profit: Ganancia a largo plazo.

Long-term receivables: Activo exigible a largo plazo.

Lorenz curve: Curva de Lorenz.

Loss: Pérdida.

Loss corresponding to fiscal year: Pérdida del ejercicio.

Loss of profit. Lost profits: Lucro cesante.

Loss. Damage: Quebranto.

Lost or stolen check: Cheque extraviado o robado.

Lot of actions: Lote de acciones.

Low quotation: Baja cotización.

Lucrative activity: Actividad lucrativa.

Lump-sum contract: Ajuste alzado.

M

M3: M3.

Macro-economics: Macroeconomía.

Magnate. Tycoon: Magnate.

Magnetic disk: Disco magnético.

Maintenanse expense: Costo de conservación.

Majority: Mayoría.

Majority interest: Participación mayoritaria.

Majority stockholders: Accionistas mayoritarios.

Management: Gerencia.

Management accounting: Contabilidad gerencial.

Management Accounting Principle: Principios de la Contabilidad Gerencial.

Management in a crisis: Dirección de crisis.

Management organization: Organización administrativa.

Managment: Management.

Manifiesto: Manifiesto.

Maple leaf: Maple leaf.

Maravedí (ancient Spanish coin): Maravedí.

Margin of safety: Margen de seguridad.

Margin. Spread: Margin.

Marginal revenue: Utilidad marginal.

Maritime law: Derecho marítimo.

Market: Mercado.

Market check: Cheque de plaza.

Market cost: Costo de mercado.

Market for new issues: Mercado primario.

Market index: Índice bursátil.

Market of derivatives: Mercado de derivados.

Market position: Posicionamiento.

Market risk: Riesgo de mercado.

Market trends: Tendencias del mercado.

Market values by which the company normally acquires goods and services: Valores corrientes de entrada.

Market. Post: Plaza.

Marketable securities. Negotiable securities: Títulos negociables.

Marketing: Mercadeo.

Mathematical. Mathematician: Matemático.

Mathematically: Matemáticamente.

Mathematics: Matemáticas.

Matured and unpaid instruments: Documentos desatendidos.

Matured interest: Intereses vencidos.

Matured liabilities: Pasivo vencido.

Matured notes: Documentos vencidos.

Maturity: Vencimiento.

Maturity date. Expiration date: Fecha de vencimiento.

Maturity notice: Aviso de vencimiento. Recordatorio de vencimiento.

Maturity register: Libro de vencimiento.

Means of exchange: Medio de cambio.

Means of payment: Medios de pago.

Mediator: Mediador.

Meeting of creditors: Junta de acreedores.

Mercantile: Mercantil.

Mercantile agency: Agencia mercantil.

Mercantile company: Empresa mercantil.

Merchandising: Merchandising.

Merchant. Door-to-door salesman: Merchante.

Merchant. Trader: Mercader.

Merger: Fusión.

Merval index (in Argentina): Índice Merval.

Metallism: Metalismo.

Metrical (Decimal) System of Weights and Measures: Sistema Métrico Decimal de Pesos y Medidas.

Microeconomics: Microeconomía.

Minimum amount: Monto mínimo.

Minimun reserve requirement: Efectivo mínimo.

Minimun tax: Impuesto mínimo.

Mining law: Derecho minero.

Minority: Minoría.

Minority interest: Participación minoritaria.

Minority stockholders: Accionistas minoritarios.

Minority stockholders' interest: Participación de accionistas minoritarios. Participación de accionistas no controlantes.

Mint (United States Mint. The British Royal Mint): Casa de la Moneda.

Minting: Acuñación.

Mixed economy company: Sociedad de economía mixta.

Mixed number: Número mixto.

Mixed surplus: Superávit mixto.

Modigliani-Miller Hypothesis: Hipótesis Modigliani-Miller.

Monetary aggregate: Agregados monetarios.

Monetary assets: Activo monetario.

Monetary base: Creación primaria neta.

Monetary basis: Base monetaria.

Monetary block: Bloque monetario.

Monetary circulation: Circulación monetaria.

Monetary cost (the means of produc-

tion for the manufacturing and launch of a new quantity of product): Costo monetario.

Monetary demand: Demanda monetaria.

Monetary economy: Economía monetaria.

Monetary expansion: Expansión monetaria.

Monetary fall: Contracción monetaria.

Monetary guaranty: Garantía monetaria.

Monetary items: Partidas monetarias.

Monetary items: Rubros monetarios.

Monetary law: Ley monetaria.

Monetary liabilities: Pasivo monetario.

Monetary policy: Política monetaria.

Monetary profit/loss: Resultado monetario.

Monetary resources: Recursos monetarios.

Monetary restatement: Reexpresión monetaria.

Monetary system: Sistema monetario.

Monetary unit. Currency unit: Unidad monetaria.

Monetization of the economy: Monetización de la economía.

Money: Dinero. Pecunia.

Money broker: Cambista.

Money illusion: Ilusión monetaria.

Money issue: Emisión de moneda.

Money market: Mercado de dinero. Mercado monetario.

Money market funds: Money market funds.

Money order: Orden de pago.

Money paid on account: A cuenta de precio.

Money supply: Masa monetaria. Oferta monetaria.

Money transaction: Transacción monetaria.

Money value: Valor monetario.

Money. Weath: Caudal.

Monometallism: Monometalismo.

Monopoly: Monopolio.

Monopsony: Monopsonio.

Month: Mes.

Moral obligation: Obligación natural.

Moratorium: Moratoria.

Mortage banks: Bancos hipotecarios.

Mortage bonds: Bono hipotecario.

Mortage bonds: Bonos hipotecarios.

Mortgage: Hipoteca.

Mortgage bonds: Cédula hipotecarias.

Mortgage creditor: Acreedor hipotecario.

Mortgage interest: Interés hipotecario.

Mortgage loan: Crédito hipotecario.

Mortgage note: Pagaré hipotecario.

Mortgage obligations. Obligations secured by mortgages: Obligaciones hipotecarias.

Mortgage. Mortgage security: Garantía hipotecaria.

Mortgage. Pertaining to a mortgage: Hipotecario.

Mortgagor: Deudor hipotecario.

Most favored nation clause: Cláusula de nación más favorecida.

Movements: Movimientos.

Multicurrency accounting: Contabilidad plurimonetaria.

Multinational company: Empresa multinacional.

Multiple bank: Banca múltiple.

Multiplier: Multiplicador.

Municipal taxes: Impuestos municipales.

Mutual fund custodian: Sociedad depositaria.

Mutual fund. Money market fund: Fondo común de inversión.

N

NAFTA: NAFTA.

Name: Denominación.

Name: Nombre.

National accounting: Contabilidad nacional.

National Association of Accountants: National Association of Accountants.

National bank: Banco nacional.

National currency peso: Peso moneda nacional.

National Home Fund (in Argentina): FONAVI.

National income: Ingreso nacional. Renta nominal.

National market: Mercado nacional.

National Securities Exchange Commision (in Argentina): CNV. Comisión Nacional de Valores.

National taxes: Impuestos nacionales.

Nationality: Nacionalidad.

Nationalization: Nacionalización.

Native: Nativo.

NATO: NATO.

NATO: OTAN.

Natural monopoly: Monopolio natural.

Negative interest rate: Tasa de interés negativa.

Negative real interest rate: Tasa de interés real negativa.

Negotiable financial assets (or liabilities): Activo (o pasivo) financiero negociable.

Negotiable instrument: Factura de crédito.

Negotiable note: Documento negociable.

Negotiable. Marketable: Negociable.

Neocolonialism: Neocolonialismo.

Net: Neto.

Net financing: Financiamiento neto.

Net income: Renta neta.

Net interest: Interés neto. Interés puro. Interés real.

Net interest rate: Tasa de interés neta.

Net investment: Inversión neta.

Net liquidation: Liquidación neta.

Net loss: Pérdida neta.

Net position: Posición neta.

Net product: Producto neto.

Net profit: Ganancia líquida. Utilidad líquida.

Net profit margin: Margen de beneficio neto.

Net profit ratio for net worth: Índice de utilidad neta sobre patrimonio neto.

Net profit ratio for ordinary income: Índice de utilidad neta sobre los ingresos ordinarios.

Net profit ratio for sales: Índice de utilidad neta sobre ventas.

Net realizable value: Vnr. Valor de cambio. Valor neto de realización.

Net return: Rédito neto.

Net saving: Ahorro neto.

Net weight: Peso neto.

Net worth: Capital líquido. Neto patrimonial.

Net worth interest: Interés sobre capital propio.

Net worth profitability ratio: Índice de rentabilidad del patrimonio neto o capital propio.

Net-worth structure of: Patrimonio neto - composición del.

Net worth variation recognition: Reconocimiento de variaciones patrimoniales.

Net worth. Stockholder's equity: Patrimonio neto.

Net yield: Rendimiento efectivo.

Neutral interest rate: Tasa de interés neutra.

Neutral real interest rate: Tasa de interés real neutra.

New deal: New deal.

New economic order: Nuevo orden económico.

New international economic order: Nuevo orden económico internacional.

New stocks: Acciones nuevas.

Nikkei index: Índice Nikkei.

No-basic public services: Servicios públicos no esenciales.

No-funds: Sin fondos suficientes.

Nomenclature of the Customs Cooperation Council: NCCA. Nomenclatura del Consejo de Cooperación Aduanera.

Nominal capital: Capital físico.

Nominal income: Ganancia nominal.

Nominal interest rate: Tasa de interés nominal.

Nominal price: Importe nominal.

Nominal rate: Tasa nominal.

Nominal value coin: Moneda de valor nominal.

Nominal value. Par value. Face value: Valor nominal.

Nominal wage: Salario nominal.

Nominative stocks. Registered stocks: Acciones nominativas.

Nominee: Nominee.

Non-accrued interest: Interés no devengado.

Non-assessable: No gravado.

Non-controlling stockholders: Accionistas no controlantes.

Non-current assets: Activo no corriente.

Non-current investments in debt securities: Inversiones no corrientes en títulos de deuda.

Non-current liabilities: Obligaciones a plazo.

Non-current payments: Pagos no corrientes.

Non-current security: Garantía no corriente.

Non-deductible expenses: Gastos no deducibles.

Non-graduated: No graduado.

Non-mercantile company: Empresa no mercantil.

Non-monetary items: Rubros no monetarios.

Non-negotiable: No negociable.

Non negotiable check: Cheque no negociable.

Non-negotiable financial assets (or liabilities): Activo (o pasivo) financiero no negociable.

Non-operating expense: Gasto ajeno a la operación.

Non-operating income: Ganancia eventual.

Non-payable liabilities at the end of an accounting period: Pasivo no exigible.

Non-planned decision: Decisión no programada.

Non-profit: Sin ánimo de lucro.

Non-profit association: Asociación civil.

Non-profit enterprise: Institución no lucrativa.

Non-profit entity: Ente sin fines de lucro.

Non-profit organization: Organización sin fines de lucro.

Non related taxes (there is no connection between the taxpayer and the State): Tributos no vinculados.

Non-remunerated reserve requirement: Encaje no remunerado.

Non resident: No residentes.

Non-taxable: No imponible.

Non-taxable minimum: Renta mínima no imponible.

Non-taxable minimun. Non-assessable minimun: Mínimo no imponible.

Nonassessable capital stocks: Acciones de capital no gravables.

Noncumulative dividend: Dividendo no acumulativo.

Nonredeemable stocks: Acciones no rescatables.

Nontaxable profit: Resultado exento.

Nontransferable fixed term deposit: Depósito a plazo fijo intransferible.

Nontributary income: Ingresos no tributarios.

Nonvoting stocks: Acciones sin voto.

Normal yield: Rendimiento normal.

North American Free Trade Agreement: Tratado de Libre Comercio para América del Norte.

North Atlantic Treaty Organization: OTAN. Organización del Tratado del

Atlántico Norte.

Not-to-order: No a la orden.

Not-to-order check: Cheque no a la orden.

Not-to-order clause: Cláusula no a la orden.

Note issue. Trust issue: Emisión fiduciaria.

Note or voucher issue: Emisión de documento o comprobante.

Note. Voucher: Vale.

Notes journal: Registro de documentos.

Notes receivable cash count: Arqueo de documentos a cobrar.

Notes receivable on pledge: Documentos a cobrar con garantía prendaria.

Notes receivable secured by bonds: Documentos a cobrar con caución de títulos.

Notice: Aviso. Notificación. Plazo de preaviso.

Notice of protest: Aviso de protesto.

Novation: Novación.

Number: Número.

Number one: Número uno.

Numbered account: Cuenta cifrada. Cuenta numerada.

Numbering. Numeration: Numeración.

Numerical: Numérico.

NYER: NYER.

NYSE: NYSE.

O

OAS: OEA.

Obligation secured by mortgage: Obligación hipotecaria.

Obligation to deliver: Obligación de dar.

Obligation which allows the obligor to substitute another action for the required performance: Obligación facultativa.

Obligation. Liability. Bond. Note. Debt: Obligación.

Obsolete: Obsoleto.

Obsolete assets: Activo obsoleto.

Occupation. Trade. Written communication. Official note: Oficio.

Odd number: Número impar.

OECD: OCDE.

Offering. Offer: Ofrecimiento.

Office: Oficina.

Official bank: Banco oficial.

Official determination: Determinación de oficio.

Official exchange rate: Cambio oficial.

Official market: Mercado oficial de cambios.

Official par of exchange: Paridad cambiaria oficial.

Offshore funds: Fondos offshore.

Offshore funds. Tax havens: Plazas financieras offshore.

Oligopoly: Oligopolio.

Oligopsony: Oligopsonio.

On a certain specific day: A día determinado.

On a fixed day: A día fijo.

On account: A cuenta.

"On lending" credit: Crédito "On lending".

Onerous: Oneroso.

Onerous title: Título oneroso.

Open account: Cuenta abierta.

Open check: Cheque abierto.

Open credit: Crédito abierto.

Open-end investment company: Fondo común de inversión abierto.

Open market: Mercado abierto. Mercado libre de cambios.

Open transaction: Negocio abierto.

Opened investment: Sociedad de capital variable.

Opening balance: Saldo inicial.

Opening exchange rate: Cambio de apertura.

Opening price: Precio de apertura.

Operating budget: Presupuesto operativo.

Operating expenses: Gastos de gestión.

Operating income, operating profit: Utilidad de la operación.

Operating lease: Leasing operativo.

Operating profit: Ganancia operativa.

Operating profit/loss: Resultado de operación.

Operational deficit: Déficit operacional.

Operational planning: Planeamiento operativo.

Opinion: Dictamen.

Opinion of the Technical Institute of Public Accountants: Dictamen del Instituto Técnico de Contadores Públicos.

Opportunity cost: Costo de oportunidad.

Optimum yield: Rendimiento óptimo.

Option: Opción.

Option holder: Option holder.

Option writer: Lanzador.

Optional dividend: Dividendo opcional.

Options market: Mercado de opciones.

Oral contract: Contrato verbal.

Order: Orden de bolsa.

Order check: Cheque a la orden.

Order clause: Cláusula "a la orden".

Order deposit: Depósito a la orden individual.

Order note: Documento a la orden.

Order note, promissory note written to the order of a specific person: Pagaré a la orden.

Order of payment: Libramiento mercantil. Libranza.

Ordinal number: Número ordinal.

Ordinary interest: Interés ordinario.

Ordinary losses: Pérdidas ordinarias.

Ordinary net profit ratio for costs of sales: Índice de utilidad neta sobre costo de ventas.

Ordinary proceeding: Vía ordinaria.

Ordinary profit/loss: Resultados ordinarios.

Ordinary profit/loss after tax: Resultado ordinario después del impuesto.

Ordinary profit/loss before tax: Resultado ordinario antes del impuesto.

Ordinary resources: Recursos ordinarios.

Ordinary surplus of the fiscal year: Superávit ordinario del período o ejercicio.

Organization: Organización.

Organization chart: Diagrama de estructura. Diagrama de organización. Organigrama.

Organization for Economic Cooperation and Development: OCDE. Organización para la Cooperación y el Desarrollo Económico.

Organization for European Economic Cooperation: OECE. Organización Europea de Cooperación Económica.

Organization of African Unity: OUA. Organización de la Unidad Africana.

Organization of American States: OEA. Organización de Estados Americanos.

Organization of Central American States: ODECA. Orgɑɴization de Estados Centroamericanos.

Organization of Petroleum Exporting Countries: OPEP. Organización de Países Exportadores de Petróleo.

Organized markets: Mercados organizados.

Original cost: Valor de ingreso.

Other resources: Recursos diversos.

Outlay. Discharge. Expense. Withdrawal: Egreso.

Outside market: Fuera de bolsa.

Outstanding capital stock: Acciones en circulación.

Outstanding obligations: Obligaciones pendientes.

Over-the-counter market. Open market: Mercado extrabursátil.

Over the counter sale: Venta fuera de bolsa.

Over-valued currency: Moneda sobrevaluada. Tipo de cambio sobrevaluado.

Overage: Sobrante.

Overbought: Sobrecomprado.

Overcapitalization: Sobrecapitalización.

Overcharge: Recargo.

Overdraft: Giro en descubierto.

Overdraft: Sobregiro.

Overdraft autorization: Autorización para girar en descubierto.

Overdue: Vencido.

Overlap: Traslapo.

Overprice: Sobreprecio.

Overseas market: Mercado extranjero.

Own position: Posición propia.

Own shares: Autocartera.

Owner: Dueño.

P

Pacific Asian Economic Cooperative Association: Asociación de Cooperación Económica Asia - Pacífico.

Pact of availability: Pacto de disponibilidad.

Paid: Pagado.

Paid-in capital: Capital integrado.

Paid interest: Intereses pagados.

Paid surplus: Superávit pagado.

Paid up stock: Acción integrada.

Paid up stocks: Acciones integradas.

Pallet: Palet.

Paper money: Moneda de papel.

Paper note: Papel moneda.

Par of exchange: Paridad cambiaria.

Par of exchange. Par rate of exchange: Paridad de cambio.

Par value: Precio a la par. Valor par.

Par value stocks: Acciones a valor par.

Par. Pair. Equal: Par.

Parafiscal contributions: Contribuciones parafiscales.

Parafiscal rates: Tasas parafiscales.

Parent corporation. Holding corporation. Holding company: Sociedad controlante.

Paris Club: Club de París.

Parity: Paridad.

Parity adjustment: Ajuste de paridad.

Parity originated in the market: Paridad real.

Parity price: Precio de paridad.

Part of a credit actually used by the borrower: Dispuesto.

Partial dissolution of partnerships: Disolución parcial de sociedades.

Partial opinion: Dictamen opinión parcial.

Partial payment: Pago parcial.

Partially government-owned corporation: Sociedad anónima con participación estatal mayoritaria.

Participating bond (for employees): Bono de trabajo.

Participating bonds: Bonos de participación.

Participating bonds for employees: Bonos de participación para el personal.

Participating bonds issued to stockholders: Bonos de goce.

Participating dividend: Dividendo participante.

Participation preferred stocks: Acciones preferentes participantes o con participación.

Participation stocks: Acciones de participación. Acciones participantes.

Partner: Socio.

Partnership: Sociedad de personas. Sociedad por interés.

Partnership in liquidation: Sociedad en liquidación.

Partnership in which some partners invest money and others furnish services: Sociedad de capital e industria.

Passive operation: Operación pasiva.

Passive subject to tax liability. Taxpayer: Sujeto pasivo de la obligación tributaria.

Patriotic loan: Empréstito patriótico.

Pay day: Día de pago.

Payable: Pagadero. Valor a pagar.

Payable. Subscriber: Abonado.

Payee. Policyholder: Tomador.

Payer: Pagador.

Paying bank: Banco pagador.

Paying capacity: Capacidad de pago.

Payment: Pago.

Payment at a piece rate: Pago a destajo.

Payment in cash: Pago en efectivo.

Payment in kind: Pago en especie.

Payment into court: Pago por consignación.

Payment notice: Aviso de pago.

Payment on account: Pago a cuenta.

Payment. Salary: Paga.

Payment. Subscription. Credit: Abono.

Payments operation: Operación de pagos.

Payroll distribution: Distribución de la nómina.

Pecuniary: Pecuniario.

Penny: Penique.

Pension contributions: Aportes jubilatorios.

Per capita: Per cápita.

Per capita income: Renta per cápita.

Per cent: Por ciento.

Per diem: Per diem.

Per thousand: Tanto por mil.

Percentage: Porcentaje.

Percentage. Certain percentaje: Tanto por ciento.

Perception: Percepción.

Perestroika: Perestroika.

Perfect document: Documento perfecto.

Period of 5 years: Lustro.

Period of incorporation: Período de constitución.

Period. Recurring decimal: Período.

Periodic payments: Pagos periódicos.

Periodic rate: Tasa periódica.

Periodification: Periodificación.

Permanent difference: Diferencia permanente.

Permanent investments: Inversiones permanentes.

Perpetual income: Renta perpetua.

Perpetual order: Orden permanente.

Person: Persona natural.

Personal check: Cheque personal.

Personal guaranty. Surety: Garantía personal.

Personal Labor Identification Number: CUIL. Código Único de Identificación Laboral.

Personal loan: Crédito con garantía personal.

Personal obligation: Obligación personal.

Personal property tax: Impuesto a los bienes personales.

Personal tax: Impuesto personal.

Personal Tax Identification Number: CUIT. Clave Única de Identificación Laboral en la Argentina.

Peso Law 18.188: Peso ley 18.188.

Peso. Burden. Weight: Peso.

Petro-dollars: Petrodólares.

Petty cash: Caja chica.

Phase. Stage: Fase.

Pie diagram: Diagrama circular.

Piedgee creditor: Acreedor picnoraticio. Acreedor prendario.

Pignoration: Pignoración.

Place: Lugar.

Place and date: Lugar y fecha.

Place and date of issue: Lugar y fecha de emisión.

Place of payment: Lugar de pago.

Placement of securities: Colocación de valores.

Placement premium: Prima de colocación.

Planned decision: Decisión programada.

Planning: Planeamiento.

Pledge: Prenda.

Pledge bonds: Bonos de prenda.

Pledged assets: Activo pignorado.

Pledged stocks: Acciones prendadas.

Pledgel. Chattel mortgage: Garantía prendaria.

Pledger: Deudor prendario.

Politics. Policy: Política.

Poor person: Persona pobre.

Portfolio: Cartera. Portafolio. Portfolio.

Portfolio manager: Portfolio manager.

Portfolio of credit: Cartera de crédito.

Portfolio of securities: Cartera de valores.

Portfolio securities. Holdings: Valores en cartera.

Position: Posición.

Position limit: Posición límite.

Position period: Tiempo de colocación.

Position. Investment. Placement: Colocación.

Positive interest rate: Tasa de interés positiva.

Positive real interest rate: Tasa de interés real positiva.

Post-dated check: Cheque diferido. Cheque posdatado.

Post of treasurer. Office of treasurer. Treasure. Treasury: Tesorería.

Postal money order: Cheque postal.

Postponement: Aplazamiento.

Potential market: Mercado potencial.

Potential ordinary stock: Acción ordinaria potencial.

Pound: Libra.

Poverty gap: Brecha de pobreza.

Power of attorney: Carta poder.

Preference saving account: Caja de ahorro especial.

Preferential zone: Zona preferencial.

Preferred capital stocks: Acciones de capital preferentes.

Preferred dividend: Dividendo fijo. Dividendo preferente. Dividendo preferido.

Preferred stock: Acción preferente.

Preferred stocks: Acciones preferentes. Acciones preferidas.

Prefinancing of exportations: Prefinanciación de exportaciones.

Premature cancellation: Precancelación.

Premium: Premium.

Premium deal: Premium deal.

Premium reserve (for life insurance): Reserva matemática.

Premium. Bonus. Reward: Prima.

Prepaid interest: Intereses anticipados.

Present value: Valor descontado.

Present value factor: Factor del valor actual.

Present value of a constant annuity: Valor actual de una anualidad constante.

Presentation. Appearance: Presentación.

Previous fiscal years balance: Saldo de ejercicios anteriores.

Price: Precio.

Price earning rate: Price earning rate.

Price expressed in money: Precio monetario.

Price index: Índice de precios.

Price level: Nivel de precios.

Price of border: Precio de frontera.

Price risk: Riesgo de precio.

Prices system: Sistema de precios.

Primary creation of money: Creación primaria de dinero.

Primary deficit: Déficit primario.

Primary economic activity: Actividad económica primaria.

Primary financial instruments: Instrumentos financieros primarios.

Primary liquidity: Liquidez primaria.

Primary placement: Colocación primaria.

Primary public necessities: Necesidades públicas primarias.

Prime number: Número primo.

Prime rate: Prime rate.

Principal and accessory obligation: Obligación principal y accesoria.

Principal. Owner. Main: Principal.

Priority order: Orden de prioridad.

Private agreement: Contrato privado.

Private bank: Banco privado.

Private company: Empresa privada.

Private contract or bond establishing the return of the same amount borrowed multiplied by a determined index: Obligación con opción incrustada.

Private document: Documento privado.

Private documents: Instrumentos privados.

Private enterprise: Hacienda privada.

Private finance: Finanzas privadas.

Private investment: Inversión privada.

Private law: Derecho privado.

Private offering: Oferta privada.

Private saving: Ahorro privado.

Private sector: Sector privado.

Privileged stocks: Acciones privilegiadas.

Prizes and award tax: Impuesto a los premios de determinados juegos y concursos.

Pro forma: Pro forma.

Probability: Probabilidad.

Probability sample: Muestra de probabilidad.

Proceeding in which all the estate of a person is under the court´s scrutiny (pertaining to bankrupt´s estate of inheritance): Juicio universal.

Proceeding. Step: Trámite.

Process: Dirección.

Procurement budget. Purchases budget: Presupuesto de compras.

Production capital: Capital económico.

Production cost: Costo de producción.

Production credit: Crédito de producción.

Production livestock: Hacienda de producción.

Profession: Profesión.

Professional: Profesional.

Professional Accounting Principles: NCP.

Professional Associations of Economic Sciences: Consejos Profesionales de Ciencias Económicas.

Professional Associations of Economic Sciences: CPCE. Consejo Profesional de Ciencias Económicas en la Argentina.

Professional liability: Responsabilidad profesional.

Professionalism: Profesionalismo.

Profit: Ganancias. Lucrum.

Profit and loss: Ganancias y pérdidas.

Profit and loss statement: Estado de operaciones. Estado de resultados. Estado demostrativo de ganancias y pérdidas.

Profit chart: Gráfica de la utilidad.

Profit collected. Earned profit: Ganancia cobrada.

Profit or loss: Ganancia o pérdida.

Profit resulting from financial statements: Utilidad contable.

Profit sharing: Participación en los beneficios.

Profit taking: Toma de ganacias.

Profit tax: Impuesto sobre utilidades.

Profit. Gain: Lucro.

Profit. Gain. Utility. Earning: Utilidad.

Profitability: Rentabilidad.

Profitability ratio of the permanent investment: Índice de rentabilidad de la inversión permanente.

Profitability ratio on the total investment: Índice de rentabilidad de la inversión total.

Profitable: Lucrativo. Rentable.

Proforma invoice: Factura proforma.

Program of interest in a company: Programa de propiedad participada.

Progressive rate: Tasa progresiva.

Progressive tax: Impuesto progresivo.

Projected financial statement: Presupuesto económico.

Projected financial statements: Estado financiero proyectado.

Promissory note: Pagaré.

Promissory note, credit note: Abonaré.

Promissory notes: Promissory notes.

Promissory notes list: Lista de pagarés.

Properly dividend: Dividendo en propiedades.

Properties. Goods. Assets: Bienes.

Property tax: Impuesto sobre bienes. Impuesto sobre la propiedad.

Proportional expected value: Valor de ingreso esperado proporcional.

Proportional rate: Tasa proporcional.

Proportional rates: Tasas proporcionales.

Proportional tax: Impuesto proporcional.

Proposed corporation: Sociedad en formación.

Prosecutor: Agente fiscal.

Protest charges: Gastos de protesto.

Protest note: Pagaré protestado.

Protest notes: Documentos protestados.

Protest. Notice of protest: Protesto.

Provincial administration: Administración provincial.

Provincial bank: Banco provincial.

Provincial taxes: Impuestos provinciales.

Provision: Previsión.

Provision for bad debts: Previsión para deudores incobrables.

Provision for foreign currency devaluation: Previsión para la desvalorización de moneda extranjera.

Provision. Supply: Provisión.

Provisional debt consolidation bonds: Bonos de consolidación de deudas previsionales.

Provisions for regulation of assets: Previsiones de regularización del activo.

Provisions included in the accounts payable: Previsiones puras.

Provisions included in the adjustment accounts: Previsiones impuras.

Prudent investment: Inversión prudente.

Public accountant: Contador público.

Public administration: Administración pública.

Public bank: Banco público.

Public company: Empresa pública.

Public consumption spending: Gastos públicos de consumo.

Public contract: Contrato público.

Public document: Documento público.

Public documen´s: Instrumentos públicos.

Public finance: Finanzas públicas.

Public function: Función pública.

Public funds: Fondos públicos.

Public investment spending: Gastos públicos de inversión.

Public limited company. Corporation: Sociedad anónima abierta.

Public necessity: Necesidad pública.

Public offering: Ofrecimiento público.

Public offering. Public bid: Oferta pública.

Public ordinary trust: Fideicomiso ordinario público.

Public policy: Orden público.

Public relations: Relaciones públicas.

Public resource: Recurso patrimonial.

Public revenue: Ingresos públicos.

Public saving: Ahorro público.

Public sector: Sector público.

Public services: Servicios públicos.

Public spending: Gasto público.

Public Treasury. Fiscal administration: Fisco.

Publlic resource: Recurso público.

Punitive interest: Interés punitorio.

Purchase and sale: Compra-venta.

Purchase for re ;ae: Compra-venta mercantil.

Purchase order: Orden de compra.

Purchased security: Garantía comprada.

Purchasing capacity: Capacidad adquisitiva.

Purchasing exchange rate: Tipo de cambio comprador.

Purchasing power: Poder adquisitivo.

Purchasing power parity: Paridad del poder adquisitivo.

Pure and simple obligation: Obligación pura y simple.

Put: Put.

Put option: Opción de venta.

Put option: Put option.

Q

Qualification of sovereign risk: Calificación de riesgo soberano.

Qualification. Authorization: Habilitación.

Qualified: Habilitada.

Quantification: Cuantificación.

Quantity. Amount: Cantidad.

Quarter. Trimester: Trimestre.

Quarterly: Trimestral.

Quasi fiscal-deficit: Déficit cuasi fiscal.

Quasi-money: Activo cuasimonetario.

Quasi-public corporation: Hacienda semipública.

Quick assets: Activo de liquidez inmediata. Activo realizable.

Quittance: Quitanza.

Quorum: Quórum.

Quota: Cupo.

Quota bid: Cupo de licitación.

Quotation: Cotización.

Quotation request: Solicitud de cotización.

Quotations list: Lista de cotizaciones.

Quoted stock: Acción cotizada.

R

Random sampler: Muestra aleatoria.

Rate: Tasa.

Rate from a survey performed among the most representing institutions of the system: Tasa testigo.

Rate of devaluation of the currency: Tasa de devaluación de la moneda.

Rate of incidence: Tasa de incidencia.

Rate of internal yield: Tasa de rentabilidad interna.

Rate of profit: Tasa de beneficio.

Rate risk: Riesgo de la tasa de interés.

Rate. Tariff: Tarifa.

Rateable value: Líquido imponible. Valor fiscal.

Rates: Tasas.

Rating agency: Calificadora de riesgo.

Rating. Appraisal. Valuation: Tasación.

Ratio between profitability and interest: Razón entre la utilidad y el interés.

Ratio of average term payment of the debts: Índice de plazo medio de pago de las deudas.

Rationing: Racionamiento.

Re-exportation: Reexportación.

Readjustment: Reajuste.

Real balance: Saldo real.

Real estate market: Mercado inmobiliario.

Real estate tax: Impuesto inmobiliario.

Real Estate. Real Property: Bienes inmuebles.

Real exchange rate: Tipo de cambio real.

Real income: Renta real.

Real interest rate: Tasa de interés real.

Real property: Inmuebles.

Real property leasing: Leasing inmobiliario.

Real tax: Impuesto real.

Real value: Valor real.

Real value of securities: Valor real de títulos.

Real wage: Salario real.

Realizable: Realizable.

Realizable income: Renta anticipada.

Realizable liabilities: Pasivo diferido.

Realized profit: Ganancia realizada. Resultado realizado.

Recapitalization: Recapitalización.

Receipt: Recibo.

Received: Recibí.

Reciprocal guaranty corporation: Sociedad de garantía recíproca.

Reciprocal interest: Intereses recíprocos.

Reconciliation: Conciliación.

Recourse action: Acción de regreso.

Recovery of provision for bad debts: Recupero previsión para deudores incobrables.

Redeemable bank: Banco rescatable.

Redeemable corporate bond: Obligación negociable rescatable.

Redeemable preferred stocks: Acciones preferidas rescatables.

Redeemable securities: Títulos amortizables.

Redeemable stocks: Acciones readquiridas o rescatadas.

Redeemed bonds payable: Obligaciones a pagar amortizadas.

Redeemed debentures: Debentures rescatados.

Redeemed debentures by draw: Debentures rescatados por sorteo.

Redemption: Rescate.

Redhibitiory defect: Vicios redhibitorios.

Rediscount: Redescuento.

Reduction of taxes. Tax allowance: Desgravación.

Refinancing: Refinanciación.

Regime: Régimen.

Regional bank: Banco regional.

Registered: Nominativo.

Registered bond: Bono registrado. Obligación nominativa.

Registered bond in dollars: BONOD.

Registered bonds in dollars: Bonos nominativos en dólares.

Registered corporate bond: Obligación negociable escritural.

Registered stock: Acción escritural.

Registered stocks: Acciones escriturales.

Registration of stocks: Nominatividad de acciones.

Regressive action: Acción regresiva.

Regressive rate: Tasa regresiva.

Regressive tax: Impuesto regresivo.

Regularity: Periodicidad.

Regulated market: Mercado regulado.

Regulated rate: Tasa regulada.

Reimbursement: Reembolso. Reintegro.

Reinvestment: Reinversión.

Related taxes (there is a connection between the taxpayer and the state): Tributos vinculados.

Relative prices: Precios relativos.

Release: Quita.

Reliability: Fiabilidad.

Reloan: Représtamo.

Remedy. Resource: Recurso.

Remission: Condonación.

Remission of the debt: Perdón de la deuda.

Remittance slip: Ficha de remisión.

Remunerated reserve requirement: Encaje remunerado.

Rendering of accounts: Rendición de cuentas.

Renewal investments: Inversiones de renovación.

Rent: Alquiler. Renta de propiedades.

Rentier: Rentista.

Repatriation of capitals: Repatriación de capitales.

Repayment time: Tiempo de repago.

Replacement cost: Costo de reposición.

Repo: Caución bursátil. Caución de valores mobiliarios.

Representative sample: Muestra representativa.

Reproduction cost: Costo de reproducción.

Requirable. Demanding: Exigible.

Requirements: Requisitos.

Reserve: Reserva.

Reserve currency: Moneda de reserva.

Reserve for exchange fluctuation: Reserva de fluctuación de cambios.

Reserve for future dividends: Reserva

para dividendos futuros.

Reserve for securities fluctuation: Reserva de fluctuación de acciones y títulos.

Reserve for stock premium issue: Reserva prima de emisión.

Reserve fund: Fondo de reserva.

Reserve requirement: Encaje.

Reserves: Reservas.

Reserves capitalization: Capitalización de reservas.

Residence for special legal purpose: Domicilio especial.

Residents: Residentes.

Residual value: Valor residual de un título.

Resistance: Resistencia.

Resources: Orígenes. Recursos.

Resources and expenses statement: Estado de recursos y gastos.

Responsible. Liable. Guarantor. Guilty: Responsable.

Restricted surplus: Superávit restringido.

Result. Profit. Loss: Resultado.

Retail exchange market: Mercado minorista de cambio.

Retail outlet: Boca de expendio.

Retail price: Precio al por menor.

Retail price index: Índices de precios al por menor.

Retail trade: Comercio al por menor.

Retained earnings: Ganancias reservadas.

Retained surplus: Superávit reservado.

Retroactive payment: Pago retroactivo.

Revaluation stocks: Acciones de revalúo. Acciones por revalúo.

Revaluation surplus: Superávit de revaluación.

Reverse mortgage: Hipoteca revertida.

Revolving credit: Préstamo de renovación automática.

Revolving fund: Fondo revolvente.

Right of a debtor to pay when he/she

reasonably can afford to do so: Pago con beneficio de competencia.

Rio group: Grupo de Río.

Rise: Alza.

Risk decisions: Decisiones de riesgo.

Risk of interest rate: Riesgo de tasa de interés.

Risk of the interest rate: Riesgo de la tasa de interés.

Risk premium: Prima de riesgo.

Roman numeral: Número romano.

Roman numerals: Numeración romana.

Rough calculation. Certain amount: Tanto.

Ruin: Ruina.

Rule. Board of directors. Instruction: Directiva.

Rural mortgage bonds: Cédulas hipotecarias rurales.

Rural Mortgage Bonds: Chr.

S

Safety box: Caja de seguridad. Caja fuerte.

Salary: Estipendio.

Sale in short: Venta en corto.

Sale on credit: Fía. Venta a crédito.

Sales budget: Presupuesto de ventas.

Sales index on current account for accounts receivable: Índice de ventas en cuenta corriente sobre cuentas a cobrar.

Sales journal: Diarios de ventas.

Sales tax: Impuesto sobre las ventas.

Sampler. Pattern. Sign: Muestra.

Sampling: Muestreo.

Saving: Atesoramiento.

Saving account: Caja de ahorro.

Saving account deposit: Depósito en caja de ahorro.

Saving account in dollars or foreign currency: Caja de ahorro en dólares o moneda extranjera.

Saving and loan association: Sociedad

de crédito.

Savings: Ahorro.

Savings rate: Tasa de ahorro.

Scale of the burden: Escala del gravamen.

Scalper: Escalper.

Scrap value: Valor recuperable.

Scrip: Scrip.

SDRs (Special drawing rights): DEGs.

Search of a vessel. Funding: Fondeo.

Seasonal credit: Crédito estacional.

Secondary creation of money: Creación secundaria de dinero.

Secondary economic activity: Actividad económica secundaria.

Secondary liability: Responsabilidad por endoso.

Secondary liquidity: Liquidez secundaria.

Secondary market. Over-the-counter market: Mercado secundario.

Secondary placement: Colocación secundaria.

Secondary public necessities: Necesidades públicas secundarias.

Secret public funds: Fondos secretos.

Sector: Sector.

Secured credit: Crédito garantizado.

Secured liabilities: Pasivo garantizado. Pasivo privilegiado.

Secured loan: Crédito con garantía real.

Securities: Títulos de renta.

Securities and Exchange Commission (SEC): Comisión de Valores de los EE.UU.

Securities and stocks register having special treatment or some exemption: Bursatómetro.

Securities backed by a trust-like guaranty: Valores fiduciarios.

Securities cash count: Arqueo de valores mobiliarios.

Securities clearing: Clearing de títulos.

Securities conversion: Conversión de títulos.

Securities given as a guaranty: Valores mobiliarios caucionados.

Securities income: Renta de títulos.

Securities loan: Préstamo garantizado con títulos.

Securities redemption: Rescate de títulos.

Securities transfer tax: Impuesto sobre la transferencia de títulos - valores.

Securities. Bonds: Valores.

Securitization: Fondo común cerrado de crédito. Securitización. Titularización. Titulización.

Security: Garantía real. Título circulatorio. Título de crédito. Título valor.

Security on presentation: Título de presentación.

Security. Repo: Caución.

Security. Satisdatio: Satisdación.

Security. Secured note: Documento de garantía.

Self - finance: Autofinanciación.

Self - insurance: Autoaseguramiento.

Seller: Factoreado.

Seller tax: Impuestos a cargo de los vendedores.

Seller´s market: Mercado vendedor.

Selling Exchange: Tipo de cambio vendedor.

Selling short: Vender al descubierto.

Selling up to assets (to cause one´s insolvency): Vaciamiento de bienes.

Semi-fixed costs: Gastos semifijos.

Semi-fixed or semivariable cost: Costo semifijo o semivariable.

Sen index: Índice de Sen.

Serial bonds: Bonos de vencimiento escalonado.

Service. Benefit: Prestación.

Settlement certificate: Certificado de cancelación de deudas.

Seven sisters: Siete hermanas.

Several current account: Cuenta corriente indistinta.

Several liability: Responsabilidad solidaria.

Several obligation: Obligación solidaria.

Several order: Orden indistinta.

Several order: Orden recíproca.

Share (Br.E). Stock (Am.E): Acción.

Share (certificate): Acción (certificado de).

Shares: Cuotas partes.

Shares issued to employees: Acciones de goce.

Shares market: Mercado accionario.

Shelter capital: Refugiados.

Shield: Blindaje.

Shifting of tax: Traslación del impuesto.

Short position: Posición corta.

Short sale: Venta en descubierto.

Short-term: Crédito a corto plazo. Corto plazo.

Short-term creditors: Acreedores a corto plazo.

Short-term debt: Deuda a corto plazo.

Short-term debt ratio: Índice de endeudamiento a corto plazo.

Short-term liabilities: Pasivo a corto plazo. Pasivo circulante. Pasivo exigible a corto plazo. Pasivo inmediato.

Short-term liquidity ratio: Razón del circulante.

Short-term profit: Ganancia a corto plazo.

Short-term receivables: Activo exigible a corto plazo.

Shortage: Faltante.

Shortage. Crisis: Crisis.

Sideline Trader: Barandillero.

Sight draft: Giro a la vista.

Sight maturity: Vencimiento a la vista.

Sight money: Dinero a la vista.

Signatory maker: Firmante.

Signature certification: Autenticación de firmas.

Signature. Firm. Firm name: Firma.

Significant influence: Influencia significativa.

Simple creditor: Acreedor simple.

Simple financial transaction: Operación financiera simple.

Simple interest: Interés simple.

Simple interest amount: Monto a interés simple.

Simple interest method: Método del interés simple.

Single capitalization: Capitalización simple.

Single-phase: Monofásico.

Single-phase tax: Impuesto monofásico.

Single voting stocks: Acciones de voto simple.

Sinking fund: Fondo de amortización.

Size of the public sector: Tamaño del sector público.

Small caps: Chicharro.

Snow ball: Bola de nieve.

Social dumping: Dumping social.

Social security contributions: Cargas sociales.

Social spending: Gasto social.

Socio-economic group: Grupo socioeconómico.

Soft currency: Moneda débil.

Soft loan: Crédito blando.

Sole payment: Pago único.

Solvency: Solvencia.

Solvency ratio: Razón de solvencia.

Solvent: Solvente.

Son's separate money. Private money: Peculio.

Soul of the business: Alma del negocio.

Source: Fuente.

Source country: País de procedencia.

Source document: Documento fuente.

Sources of tax law: Fuentes de derecho tributario.

South Eastern Asian Nations Association: ANSEA. Asociación de Naciones del Sudeste Asiático.

Southern Common Market: MERCOSUR.

Special contributions: Contribuciones especiales.

Special drawing rigths: Derechos especiales de giro.

Special journal: Diarios especiales.

Special mortgage bonds: Che. Cédulas

hipotecarias especiales.

Special purposes financial statements: Estado financiero para fines especiales.

Special warranty: Garantía especial.

Specialized Banking: Banca especializada.

Specially crossed check: Cheque cruzado en especial.

Specific tariff: Tarifas específicas.

Specific tax: Impuesto específico.

Speculation: Especulación.

Speculative: Especulativo.

Speculative market: Mercado especulativo.

Speculative stocks: Acciones especulativas.

Speculator: Especulador.

Split: Split.

Spot: Spot.

Spot exchange market: Mercado cambiario contado. Mercado cambiario spot.

Spot market: Mercado spot.

Spouse: Cónyuge.

Spread: Relación entre la tasa directa y tasa sobre saldo.

Spreadsheet: Planilla de cálculo.

Stagflation: Estanflación.

Stamp duty: Derecho de timbre.

Stamp tax: Impuesto a los sellos. Impuesto de sellos.

Stamp. Seal: Timbre.

Stand by: Stand by.

Standard index: Coeficiente estándar. Índice estándar.

Standard of living: Nivel de vida.

State capital: Capital dinerario. Capital financiero.

State corporation: Sociedad del estado.

State enterprise. Public finance: Hacienda pública.

State own resources: Recursos originarios.

State. Statement: Estado.

Statement: Extracto.

Statement of a bank account: Estado de cuenta bancaria.

Statement of a market account: Estado de cuenta bursátil.

Statement of an account: Estado de cuenta. Extracto de cuenta.

Static analysis: Análisis estático.

Statistic: Estadística.

Statistical inference: Inferencia estadística.

Statistical sampling: Muestreo estadístico.

Statistician. Statiscal: Estadístico.

Statistics rate (regulated by Customs): Tasa de estadística.

Statute of limitation: Prescripción liberatoria.

Stock broker: Agente bursátil.

Stock capital: Capital en acciones.

Stock company: Sociedad de capital.

Stock dividend: Dividendo en acciones.

Stock echange broker: Corredor bursátil.

Stock exchange: Bolsa de comercio. Bolsa de valores. Bolsa.

Stock exchange analysis: Análisis bursátil.

Stock - exchange capitalization: Capitalización bursátil.

Stock - exchange correction: Corrección bursátil.

Stock exchange quotation: Cotización bursátil.

Stock - exchange schedule: Horario bursátil.

Stock - exchange speculation: Especulación bursátil.

Stock exchange system: Sistema bursátil.

Stock exchange transaction: Operación bursátil.

Stock exchange transaction in which the parties obligations are covered: Operación a cubierto.

Stock in portfolio: Acción en cartera.

Stock issue: Emisión de acciones.

Stock issue premium: Prima de emisión.

Stock leverage: Apalancamiento de acciones.

Stock manipulation: Manipulación de una acción.

Stock market: Mercado bursátil.

Stock market admission: Admisión de bolsa.

Stock market crash: Derrumbe bursátil.

Stock market general index: Índice general de la bolsa de comercio.

Stock market value: Valor bursátil.

Stock market. Securities market: Mercado de valores.

Stock redemption: Rescate de acciones.

Stock redemption reserve: Reserva para el rescate de acciones.

Stock register: Libro de registro de acciones.

Stock subscribers in arrears: Morosidad de suscriptores de acciones.

Stock subscription: Suscripción de acciones.

Stock with option: Acción con opción.

Stockholder: Accionista.

Stocks - conversion: Acciones - conversión de.

Stocks dividend: Acciones de dividendo.

Stocks - endorsement of: Acciones - endoso de.

Stocks exchange: Bolsas de comercio.

Stocks - integration of: Acciones - integración de.

Stocks issue: Acciones - emisión de.

Stocks received as a guarantee - directors: Acciones recibidas en garantía - directores.

Stocks - subscription of: Acciones - suscripción de.

Stocks value: Acciones - valuación de.

Stocks with dividend: Acciones con dividendo.

Storage charges: Almacenaje.

Storage rate: Tasa de almacenaje.

Storehouse: Almacén.

Straddle: Straddle.

Straight of specific import: Derecho de importación específico.

Strap: Strap.

Strategic investments: Inversiones estratégicas.

Strategic planning: Planeamiento estratégico.

Strike price: Strike price.

Strip: Strip.

Stub. Counterfoil: Talón.

Subcapitalization: Subcapitalización.

Subject to right: Sujeto de derecho.

Subjects to composition: Sujetos del concurso.

Sublease: Subarrendamiento. Subarriendo.

Sublesee: Subarrendatario.

Submultiple: Submúltiplo.

Subordinated debt: Deuda subordinada.

Subrogation payment (made pursuant to subrogation of creditor's rights to third party making the payment): Pago con subrogación.

Subscribed capital: Capital suscripto.

Subscribed stocks: Acciones suscritas.

Subscription: Suscripción.

Subscription above par: Suscripción con prima.

Subscription below par: Suscripción con descuento.

Subscription period: Plazo de suscripción.

Subscription price: Precio de suscripción.

Subscription warrant: Boletín de suscripción.

Subsection: Inciso.

Subsidiary: Subsidiaria.

Subsidiary corporation. Affiliated company: Sociedad controlada.

Subsidiary journal: Diario auxiliar.

Subsidies: Subsidios.

Subsidy: Subsidio Subvención.

Substructure. Infra astructure: Infraestructura.

Sudden rise: Alza súbita.

Sumary proceeding: Vía sumaria.

Sundry creditors: Acreedores diversos.

Sundry creditors: Acreedores varios.

Supplementary tax: Impuesto adicional.

Supplier: Proveedor.

Support: Soporte.

Surety: Fiador.

Surety. Obligor: Obligado.

Surplus: Excedente. Superávit.

Surplus in books: Superávit en libros.

Surplus of the trade balance: Superávit de la balanza comercial.

Surrender value: Valor de rescate.

Survivorship, right of: Acrecer, derecho de.

Suspension: Suspensión.

Suspension of payments: Suspensión de pagos.

Suspension of payments statement: Estado de cesación de pagos.

Suspension of Stock Exchange quotation: Suspensión de cotización.

Suspicion period (pertaining to bankruptcy): Período de sospecha.

Suspicious operations: Operaciones sospechosas.

Sustainable development: Desarrollo sustentable.

Swap: Contrato de canje. Operación de pase. Pase. Reestructuración accionaria.

Swap of stock yielding rate: Swap de índice de rendimiento de acciones.

Swaption: Swaption.

Switch: Switch.

Synchronous income: Rentas sincrónicas.

Synergy: Sinergia.

Synthetic bond: Bono sintético.

Synthetic stock: Acción sintética.

System: Sistema.

System design: Diseño de sistema.

T

Takeoff: Despegue.

Tangible assets: Activo tangible.

Tangible fixed assets: Activo fijo tangible.

Tanzi effect: Efecto Tanzei.

Tariff: Tarifa aduanera.

Tariff Barriers: Barreras arancelarias.

Tax: Impuesto. Tributo.

Tax advance: Anticipo de impuesto.

Tax aliquot: Alícuota del impuesto.

Tax Balance Sheet: Balance impositivo.

Tax basis: Base fiscal. Base imponible. Base impositiva.

Tax burden: Presión fiscal. Presión tributaria.

Tax charges: Cargas tributarias.

Tax collection: Recaudación fiscal.

Tax contitutional law: Derecho constitucional tributario.

Tax economic effect: Percusión.

Tax economics effects: Efectos económicos de los impuestos.

Tax evasion: Evasión fiscal.

Tax evasion: Evasión tributaria.

Tax execution: Ejecución fiscal.

Tax-exempt-minimun: Mínimo exento.

Tax expenditure: Gastos fiscales.

Tax fraud: Fraude fiscal.

Tax heaven: Paraíso fiscal.

Tax incidence: Incidencia del impuesto.

Tax law: Derecho tributario.

Tax liability: Obligación tributaria.

Tax loss: Quebranto impositivo.

Tax on assets: Impuesto sobre los activos.

Tax on gratuitous wealth enrichment: Impuesto al enriquecimiento patrimonial al título gratuito.

Tax on potential standard rent of the land: Impuesto a la renta normal potencial a la tierra.

Tax on profitable activities: Impuesto a las actividades lucrativas.

Tax on profitable activities: Impuesto al ejercicio de actividades con fines de lucro.

Tax policy: Política fiscal.

Tax principles of the Constitution: Principios tributarios de la constitución.

Tax profit: Ganancia fiscal. Ganancia gravada. Ganancia impositiva. Utilidad impositiva.

Tax reimbursement: Reembolso fiscal.

Tax relation: Relación tributaria.

Tax resource: Recurso tributario.

Tax resources: Recursos tributarios.

Tax revaluation: Revalúo impositivo.

Tax value: Valor impositivo.

Tax. Burden: Gabela.

Tax. Deposit. Imposition: Imposición.

Tax. Levy. Lien: Gravamen.

Taxable: Imponible.

Taxable profit/loss: Resultado impositivo.

Taxable purpose: Hecho imponible.

Taxable return: Rédito imponible.

Taxation due: Imposición vencida.

Taxation system: Sistema tributario.

Taxed: Gravado.

Taxes of migration: Impuestos de migración.

Taxing power: Poder tributario.

Taxpayer: Contribuyente.

Technical rebound: Rebote técnico.

Technical reserves: Reservas técnicas.

Techniques of negotiation: Técnicas de negociación.

Telegraphic transfer: Giros por télex.

Temporary difference: Diferencia temporal.

Temporary income: Renta temporaria.

Temporary investments: Inversiones temporarias. Inversiones transitorias.

Temporary value of the money: Valor temporal del dinero.

Tenth: Décima.

Term: Término.

Term bank deposit: Depósito bancario a plaza.

Term payment: Pago a plazo.

Term payment with interest: Pago a plazo con interés.

Term payment without interest: Pago a plazo sin interés.

Term purchase: Compra a término.

Term. Deadline. Period: Plazo.

Terms of International Trade: Términos de Comercio Internacional.

Terms of trade: Términos del intercambio.

Tertiary economic activity: Actividad económica terciaria.

Test labor period: Período de prueba.

The Budget: Presupuesto estatal.

Theory dealing with unforeseen events in contracts: Teoría de la imprevisión.

Theory of interest: Teoría de interés.

Theory of the contribution: Teoría de la contribución.

Theory of the filters: Teoría de los filtros.

Third parties' interest in controlled companies: Participación de terceros sobre el patrimonio de empresas controladas.

Third party capital: Capital ajeno.

Third party payment: Pago por cuenta ajena. Pago por un tercero.

Thousandth: Por mil.

Three times a month: Trimensual.

Ticket: Ticket.

Ticket. Fare. Bank bill. Bank note: Billete.

Tied loan: Crédito atado.

Tight credit: Restricción crediticia.

Time: Tiempo.

Time draft: Giro a plazo o a término.

Time for payment: Plazos de pago.

Tithe: Diezmo.

Title. Bond. Security: Título.

To accrue: Devengar.

To adjust: Ajustar.
To assign. To tranfer: Traspasar.
To backdate: Antedatar.
To barter. To trade: Trocar.
To bear the market: Jugar a la baja.
To bearer: Al portador.
To bid: Licitar.
To bond. To guarantee: Afianzar.
To breach. To go bankrupt. To break: Quebrar.
To budget: Presupuestar.
To bull the market: Jugar al alza.
To burden: Gravar.
To calculate: Calcular. Computar.
To calculate roughly. To pay for something. By virtue of a certain right the same price for which this was auctioned or leased: Tantear.
To cancel. To expire: Cancelar.
To cancel. To rescind: Rescindir.
To capitalize: Capitalizar.
To capitalize a debt: Capitalizar una deuda.
To change: Cambiar.
To close a position: Cerrar una posición.
To collateralize: Garantizar con colateral.
To control. To supervise: Fiscalizar.
To corner: Acaparar.
To cover: Cubrir.
To date: Al día.
To date: Fechar.
To debit: Cargar.
To debit. To charge: Debitar.
To debit. To owe: Deber.
To deposit. To bail: Depositar.
To depreciate: Depreciar.
To discount: Descontar.
To draw: Librar.
To draw. To remit. To trade: Girar.
To earn. To gain: Ganar.
To endorse: Endosar.
To enter in the books: Contabilizar.
To exhaust the credit limit: Agotar el

límite crediticio.
To extinguish: Prescribir.
To finance: Financiar.
To fluctuate: Fluctuar.
To gather: Acopiar.
To give a note or other evidence of indebtedness to back a debt: Documentar una deuda.
To give an opinion: Dictaminar.
To give. To donate: Dar.
To go to short: Ir a corto.
To guarantee. To guaranty: Garantizar.
To guaranty: Avalar.
To import: Importar.
To index: Indizar.
To insure: Asegurar.
To invoice. To check: Facturar.
To issue: Emitir.
To issue securities: Emitir valores.
To launder money: Lavar dinero.
To lease: Arrendar.
To legalize. To attest: Legalizar.
To lend: Prestar.
To lend with or without a pledge: Acreer.
To liquidate a debt: Liquidar una deuda.
To make an entry in the ledger: Pasar al mayor.
To make an entry in the ledger: Pasar un asiento.
To mortgage: Hipotecar.
To nationalize: Estatificar.
To notify: Notificar.
To number: Numerar.
To offer. To bid: Ofertar.
To open a credit: Abrir un crédito.
To open an account: Abrir una cuenta.
To overbill: Sobrefacturar.
To overvalue: Sobrevaluar.
To owe. To debit: Adeudar.
To pay: Pagar.
To pay in advance: Pagar por anticipado.

To pay (money) for someone else: Gastar.

To pay taxes: Tributar.

To pay, to subscribe, to credit: Abonar.

To pignorate: Pignorar.

To pledge: Dar en prenda.

To pledge: Prendar.

To postdate: Posdatar.

To privatize: Privatizar.

To profit: Rentar.

To quote. To pay. To be highly valued: Cotizar.

To re-import: Reimportar.

To realize: Realizar.

To receive: Recibir.

To receive. To perceive: Percibir.

To record: Asentar.

To rent: Alquilar.

To return: Devolver.

To sell on credit. To guarantee: Fiar.

To settle. To liquidate. To clear out stock: Liquidar.

To shield: Apantallar.

To sign: Firmar.

To solvent: Solventar.

To speculate: Especular.

To speculate with: Jinetear.

To sublease: Subarrendar.

To subscribe. To sign: Suscribir.

To take the steps to deal with something. To serve on: Tramitar.

To the order of: A la orden.

To unamortize: Desamortizar.

To urge: Apremiar.

To value. To appraise. To assess: Valuar.

To value. To asses. To appraise: Tasar.

To verify: Comprobar.

To write out a check. To check: Chequear.

Today: Hoy.

Today´s exchange Rate: Cambio del día.

Total: Total.

Total debt ratio: Índice de endeudamiento total.

Total financial cost: Costo financiero total.

Total liquidity ratio: Índice de liquidez total.

Total receivables: Fiados.

Trade acceptance: Aceptación comercial. Aceptación mercantil.

Trade balance: Balanza comercial.

Trade balance debit: Déficit de la balanza comercial.

Trade company: Trade company.

Trade credit: Crédito comercial. Crédito mercantil.

Trade discrimination: Discriminación comercial.

Trade liabilities: Pasivo comercial.

Trade name: Denominación social.

Trade name. Business name: Nombre comercial.

Trade rating: Referencias comerciales.

Trade receivables: Deudores por ventas.

Trade secrecy: Secreto profesional.

Trade transactions: Transacciones mercantiles.

Trader: Trader.

Trading area: Zona comercial.

Trading corporation: Sociedad de comercio.

Trading session: Rueda.

Trading sessions: Ruedas.

Trading volume: Bursatilidad.

Transaction statement: Estado de operación.

Transaction tax: Impuesto sobre las transacciones.

Transactions: Transacciones.

Transfer: Transferencia.

Transfer agent: Agente de transferencia.

Transfer charges: Gastos de transferencia.

Transfer of different balances of profit/ loss accounts tc c ily one account: Refundición de cuentas de resultado.

Transfer of founds: Transferencias de fondos.

Transfer of stocks: Transferencia de acciones.

Transferable fixed term deposit: Depósito a plazo fijo transferible.

Transferable term deposit: Depósito a plazo transferible.

Transparency in the market: Transparencia del mercado.

Traveler´s check. Travellers cheque: Cheque de viajero.

Treasure. Treasury: Tesoro.

Treasurer: Tesorero.

Treasury: Tesoro público.

Treasury bill. T-bill: Letra de tesorería.

Treasury bonds: BOTE. Bonos de tesorería. Bonos del tesoro.

Treasury stocks: Acciones de tesorería. Acciones en cartera.

Treasury stocks: Acciones propias en cartera.

Treasury. Finance. Livestock. Enterprise: Hacienda.

Treaty of Warsaw: Tratado de Varsovia.

Trend: Tendencia.

Trend-profitability ratio: Índice de tendencia de la rentabilidad.

Trends analysis: Análisis de tendencias.

Tributary income: Ingresos tributarios.

Troy ounce: Onza troy.

Trust: Fideicomiso.

Trust certificate: Letra fiduciaria.

Trust company: Sociedad fiduciaria.

Trust fund: Fondo de fidelcomiso.

Trust receipt: Trust receipt.

Trustee: Fideicomisario. Fiduciario.

Trusting: Fiado.

Trustor. Settlor: Fideicomitente.

Twc - month period: Bimestre.

Twice a month: Bimensual.

Twin stocks: Acciones mellizas.

U

UEC: UEC.

Uncertain: Incierto.

Uncertain income: Renta incierta.

Uncollectible: Incobrable.

Unconscionable contract: Contrato leonino.

UNCTAD: UNCTAD.

Under valued currency: Moneda subvaluada. Tipo de cambio subvaluado.

Underground: Underground.

Underwriter: Underwriter.

Underwriting: Underwriting.

UNESCO: UNESCO.

Unionization: Sindicación.

Unipersonal company: Empresa unipersonal.

Unissued capital stocks: Acciones de capital no emitidas.

Unit cost: Costo unitario.

Unitax. Unified Tax: Monotributo.

United Nations Conference on Trade and Developmen´: Conferencia de las Naciones Unidas sobre Comercio y Desarrollo.

United Nations Educational, Scientific and Cultural Organization: Organización de las Naciones Unidas para la Educación, la Ciencia y la Cultura.

United Nations Organization: Organización de las Naciones Unidas.

Universal bank: Banco universal.

Universal banking: Banca universal.

Unlicensed broker. Unauthorized notary: Zurupeto.

Unlimited term: Duración ilimitada.

Unpaid: Impago.

Unpaid net tax: Impuesto neto adeudado.

Unpayable: Impagable.

Unqualified opinion: Dictamen favorable sin salvedades.

Unrealized: No realizado.

Unsecured: Quirógrafo.

Unsecured credit: Crédito no garantizado.

Unsecured creditor: Acreedor quirografario.

Unsecured debentures: Debentures sin garantía.

Unsecured debt: Obligación sin garantía hipotecaria.

Unsecured liabilities: Pasivo no garantizado. Pasivo quirografario.

Unsecured loan: Crédito a sola firma.

Unsettled: Pendiente de pago.

Updated flow of funds analysis: Análisis de flujo de fondos actualizado.

Updating rate: Tasa de actualización.

Urupa Bol Group: Grupo Urupa Bol.

US Dollars: Billete verde.

US Federal Reserve System: Sistema de la Reserva Federal de los EE.UU.

US Treasure Secretariat: Secretaría del Tesoro de los EE.UU.

Userer: Usurero.

Usurious contract: Contrato usurario.

Usurpation of attributions: Usurpación de atribuciones.

Usury: Usura.

V

Valuation: Apreciación. Valuación.

Valuation at current value: Valuación a valor corriente.

Valuation at original cost: Valuación al costo.

Valuation of interest in companies where there is no significant influence: Valuación de participación en sociedades en las que no se ejerza influencia significativa.

Value added: Valor agregado.

Value Added Tax: IVA. Impuesto al Valor Agregado.

Value Added Tax - Fiscal credit: IVA Crédito Fiscal.

Value Added Tax - Fiscal debit: IVA Débito Fiscal.

Value. Security. Stock. Price: Valor.

Valuer: Tasador.

Values of investment: Valores de inversión.

Valuta: Valuta.

Variable cost: Costo variable.

Variable costs: Gastos variables.

Variable interest credit: Crédito a interés variable.

Variable yield: Renta variable.

Variance: Variación.

Venturer: Venturer.

Vertical bank: Banca vertical.

Vertical percentages: Porcentajes verticales.

Vice. Defect: Vicio.

Virtual bankruptcy: Quiebra virtual.

Visegrad group: Grupo de Visegrado.

Visible imports: Importaciones visibles.

Voluntary bankruptcy: Quiebra a pedido del deudor. Quiebra voluntaria.

Voluntary loan: Empréstito voluntario.

Voluntary reserve: Reserva facultativa. Reserva voluntaria.

Vostro account: Cuenta Vostro.

Voting groups stocks: Acciones de voto plural.

Voting shares. Voting stocks: Acciones - derecho a voto.

Voting stocks: Acciones de voto.

Voucher: Documento probatorio.

Voucher. Documentary proof: Comprobante. Justificante.

W

Wage: Sueldo.

Wage. Pay: Salario.

Waiver: Waiver.

Wall Street: Wall Street.

Warrant: Warrant.

Warrant issue: Warrant issue.

Wasting assets: Activo agotable.

Waterfall effect: Efecto cascada.

Waves: Ondas.

Wealth: Riqueza.

Wealth tax: Impuesto al patrimonio.

Weighed index: Índice ponderado.

West Africa Economic Community: Comunidad Económica de África Occidental.

When it is capitalized continuously with the interest rate, a higher value of the amount is obtained than the one obtained when capitalized subperiodically with a proportional rate under the same conditions: Tasa instantánea.

When the market exchange rate is higher than the real exchange rate: Adelanto cambiario.

WHO: OMS.

Wholesale exchange market: Mercado mayorista de cambio.

Wholesale price: Precio al por mayor.

Wholesale trade: Comercio al por mayor.

Wire: Cable.

Withdrawal: Extracción.

Withholding: Retención.

Withholding agent: Agente de retención.

Wool. Money (in Mexico): Lana.

Work: Trabajo.

www.ingramcontent.com/pod-product-compliance
Lightning Source LLC
Chambersburg PA
CBHW072200270326
41930CB00011B/2495